CITY|TRIP

MAINZ

Inhalt

Zur „Fassenacht" ziert auch das Gutenberg-Denkmal im Schatten des Doms ❶ manchmal eine Narrenkappe (001mz Abb.: gs)

Zeichenerklärung

★★★ nicht verpassen
★★ besonders sehenswert
★ wichtig für speziell interessierte Besucher

[A1] Planquadrat im Kartenmaterial. Orte ohne diese Angabe liegen außerhalb unserer Karten. Ihre Lage kann aber wie die von allen Ortsmarken mithilfe der begleitenden Web-App angezeigt werden (s. S. 143).

Updates zum Buch

www.reise-know-how.de/citytrip/mainz18

Vorwahlen

- für Deutschland: 0049
- für Mainz: 06131

Mainz ist mehr als Fastnachtsmetropole, Fernsehstandort und Weinhauptstadt. Die Stadt hat einen imposanten Dom (s. S. 18), barocke Kirchen, ein kurfürstliches Schloss (s. S. 58), stattliche Paläste und genauso auch urige Kneipen und eine belebte Uferpromenade zu bieten. Es ist das Ambiente, das in der mehr als 2000-jährigen Stadt zählt.

Erlebniswelt Neustadt

Früher touristisch außer Acht gelassen, hat sich die Neustadt zum angesagten Viertel entwickelt. Im multikulturellen Umfeld, beseelt von vielen jungen Leuten, lockt dort jenes urbane Leben, das den Reiz einer Großstadt erst ausmacht (s. S. 65).

Mainzer Montmartre

So nennt sich die Gegend um die Gaustraße. Auch wenn der Vergleich lokalem Patriotismus entspringt, prägen wie beim Pariser Vorbild Szenekneipen und kleine Läden das Quartier (s. S. 46).

Gegenwartskunst in Kastel

365 Tage im Jahr und rund um die Uhr steht die Open-Air-Graffiti-Galerie allen Interessierten kostenlos offen – eine Ausstellung mit inzwischen großem Renommee (s. S. 68).

Frühstück auf dem Wochenmarkt

Im Schatten des Doms findet dreimal in der Woche ein Wochenmarkt statt, der auch als Frühstücks- und Mittagessensadresse immer populärer wird. Metzger, Bäcker, Saftpresser und Kaffeeanbieter laden zum Treff – und samstags auch die Mainzer Winzer (s. S. 103).

099mz Abb.: gs

MAINZ ENTDECKEN

Eigentlich ist Mainz zu jeder Jahreszeit einen Besuch wert, aber besonders lebt die Stadt während ihrer großen Feste: zur Johannisnacht im Juni, während des Weinmarktes im Spätsommer und an den Tagen vor Aschermittwoch, wenn die Mainzer Fastnacht feiern. Aber auch zum Jahresende, wenn der Weihnachtsmarkt Tausende von Touristen auf die Plätze rund um den Dom lockt, entfaltet die Stadt ihren eigenen Zauber.

Bis auf ein paar Feiertage und meist montags stehen die meisten Besucherattraktionen immer offen. Da die wichtigsten Sehenswürdigkeiten mit Ausnahme des ZDF 30 fast alle im Stadtkern liegen, sollte man sein Auto schnell in der Hotelgarage oder auf einem anderen Platz parken (s. S. 121). Oder man reist gleich mit der Bahn an bzw. mit dem Schiff, was im Sommer für manchen eine Alternative ist. Wer das abendliche Flair in den Weinstuben der Altstadt oder am Wochenende das Nachtleben der Stadt genießen will, sollte sich am besten eine Übernachtungsmöglichkeit in der Innenstadt suchen.

Mit dem ZDF und der Opel Arena 29, wo die Kicker von Mainz 05 zu Hause sind, hat Mainz zwei Besucherattraktionen für die ganze Familie zu bieten. Während Mainz-Reisende beim Zweiten Deutschen Fernsehen an Sendungen wie dem „ZDF-Fernsehgarten" oder dem „Aktuellen Sportstudio" teilhaben können, bietet Mainz 05 an vielen Wochenenden besten Bundesligafußball.

Vorseite: Café auf einem der Mainzer Domplätze

Blick vom Dom 1 auf Rhein, Taunus und Domplätze 3

Mainz für Citybummler

Mainz bleibt Mainz, nämlich eine attraktive Stadt. Das zumindest signalisieren die jährlich steigenden Besucherzahlen. Dabei hat Mainz außer dem Dom und vielleicht dem Gutenbergmuseum keine „Weltattraktion" zu bieten und die Stadt ist auch keine Einkaufsmetropole wie Berlin oder München. Was Mainz so anziehend macht, ist seine Lage und Geschichte, die sich in Bauten wie dem Römischen Theater, der modernen Synagoge, dem Kurfürstlichen Schloss, der Peters- oder der Stephanskirche widerspiegelt, aber auch in kulturellen Hinterlassenschaften, die heute manches Museum bereichern. Dazu kommt eine Altstadt von zeitloser Eleganz, in der sich hinter jahrhundertealten Mauern der Zeitgeist eingenistet hat.

Am Zusammenfluss von Rhein und Main zählt das **Ambiente**, fasziniert die Kulisse. Gotik mischt sich mit Romanik, Barock mit Klassizismus, Tradition trifft auf Moderne und die **Lebensfreude** manifestiert sich fast das ganze Jahr über in unzähligen Festen. „Mainz ist so recht zu Volksfesten geschaffen", schrieb eine Tageszeitung schon 1841 und lobte den „Sinn seiner Bewohner für gemeinsame Lustbarkeiten und öffentliche Freudenvereine." Es sind diese Tugenden, die manch anderes vergessen lassen, denn dass die Stadt so hoch verschuldet ist, dass sie sich mittelfristig nur wenig leisten kann, stört die Bürger scheinbar weniger als die Lokalpolitiker, die im Verwalten des Mangels täglich neues Fingerspitzengefühl entwickeln müssen.

Dabei ist Mainz kein urbaner Moloch, sondern mit knapp 220.000 Einwohnern noch immer klein und überschaubar. Einen guten Kilometer breit und rund doppelt so lang ist das eigentliche **Stadtzentrum**, in dem sich die meisten Sehenswürdigkeiten. Verlaufen kann man sich hier eigentlich nie: Mittendrin steht der Dom als Richtungsanker und dann gibt es noch die zweifarbigen Straßenschilder. Alle Straßen mit roten Markierungen führen zum Rhein, alle blauen parallel zum Fluss.

Wer Zeit mitbringt und das junge Mainz kennenlernen will, dem sei ein Abstecher in die multikulturelle **Neustadt** empfohlen. Dort leben vor allem viele Menschen mit Migrationshintergrund und sind viele Tausend Studenten und Singles zu Hause, jene urbanen Gesellschaften, die eine Stadt kulturell meist mehr beleben als die Gruppierungen in den Reihenhaussiedlungen der Vorstädte. In der Neustadt finden sich auch Cafés und Restaurants mit preiswertem Mittagstisch, einfallsreichen Frühstücksbuffets und ausführlichen Cocktailkarten.

„Rechts des Rheins ist auch noch Mainz", wissen vor allem die älteren Bürger der Stadt, die ihre **rechtsrheinischen Vororte** nach Ende des Zweiten Weltkriegs abtreten musste, wie das gleich über der Theodor-Heuss-Brücke gelegene Mainz-Kastel, das trotz des Namens heute zu Wiesbaden gehört und wo man nicht nur einen schönen Strand, sondern auch große, bunte Graffitis findet, die jährlich im Rahmen eines internationalen Festivals entstehen (s. S. 68).

Vor den Toren der Stadt, auf dem Mainzer Lerchenberg, befindet sich mit dem ZDF 30 eines der populärsten Touristenziele der Stadt. Hier kann man in einer der größten Fernsehanstalten Europas den Programmmachern über die Schultern schauen.

Ihren eigenen Reiz haben die vielen Vororte. Vor allem Gonsenheim und Finthen, wo zahlreiche Restaurants nicht nur zur Spargelzeit locken, sind für alle, die länger in Mainz weilen, eine Stippvisite wert.

003mz Abb.: gs

Moguntia – Du bist mainzigartig

Du bist ne Völkermühle, die rotiert
'ne Stadt, die sich auch gerne mal maskiert.
Du bist mal Ureinwohner, mal Tourist.
Und ich mag dich g'rad so wie Du bist.

Du bist ein Mix aus dem und noch viel mehr
aus aller Welt kommt man sehr gern hierher.
Jetzt sperr' die Ohren auf und hör mal hin,
wenn ich sing, für dich sing!

Du, hey Du, Du bist einzigartig.
Denn nur Du, nur Du, nur Du bist mainzigartig.
Moguntia, Moguntia.

Und gräbt dich einer an, bist Du bereit
dann schenkst du ihm was aus der Römerzeit.
Du feierst Feste bis der Tusch erklingt.
Du hast ne Mafia, die nach Handkäs' stinkt.

Du bist ein Mix aus dem und noch viel mehr
aus aller Welt kommt man sehr gern hierher.
Jetzt sperr' die Ohren auf und hör mal hin,
wenn ich sing, für dich sing!

Du, hey Du, Du bist einzigartig.
Denn nur Du, nur Du, nur Du bist mainzigartig.
Moguntia, Moguntia.

Hier wird der Laugenteig in Form gebracht
hier werd geschennt und über sich gelacht.
Du hast Humor und g'rad den brauchst du auch
denn mancher Narr steht ganz schön auf dem Schlauch.

Du bist ein Mix aus dem und noch viel mehr
aus aller Welt kommt man sehr gern hierher.
Jetzt sperr' die Ohren auf und hör mal hin,
wenn ich sing, für dich sing!

Du, hey Du, Du bist einzigartig.
Denn nur Du, nur Du, nur Du bist mainzigartig.
Moguntia, Moguntia.

Musik und Text: Oliver Mager, 2013 (www.oliver-mager.de)

076mz Abb.: gs

Mainz an einem Tag

„Mainz an einem Tag" ist für Hunderttausende Besucher jährlich Realität. Sie kommen zur Dombesichtigung, einem Museumsbesuch, einem Blick auf die Chagall-Fenster in der Stephanskirche und einem ausgiebigen Bummel durch die Altstadt. Dort finden sich auch kleine Geschäfte, Cafés und Restaurants – und ganz im Süden auch ein Kinozentrum, Discos, Klubs und Kneipen, in denen die Nacht schnell zum Tag werden kann.

Die meisten Sehenswürdigkeiten ballen sich auf engem Raum. Von einem Museum ins nächste, von der Kirche zum Adelspalast sind es oft nur ein paar Schritte. Shoppingfreunde kommen in den Einkaufszentren ebenso auf ihre Kosten wie in den schmalen Altstadtgassen mit ihren Boutiquen. Und was den Stadtbummel so attraktiv macht: Mainz nennt viele Fußgängerzonen sein Eigen!

Zu den touristischen Top Ten gehören neben einem Bummel durch die **historische Altstadt** bis zum **Museum für Antike Schiffahrt** 8 auch Stippvisiten in der **Stephanskirche** 11 und im **Gutenberg-Museum** 4. Interessant sind auch das **Landesmuseum Mainz** 18, das **Bischöfliche Dom- und Diözesanmuseum** 2 und das **Naturhistorische Museum** 19. Dem barocken Mainz, der Stadt der Kurfürsten, ist man im Regierungsviertel am nächsten. Rund um den **Platz der Mainzer Republik** 17 stehen mit **Kurfürstlichem Schloss** 22, dem **Deutschhaus** und dem **Neuen Zeughaus** barocke Paläste. Dazu kommt mit der **Peterskirche** 20 ein barockes Gotteshaus, wie man es in dieser Pracht und Ausstattung in der Region sonst kaum noch einmal findet.

Freunden moderner Architektur sei ein Abstecher in die Mainzer Neustadt ans Herz gelegt, wo die **neue Synagoge** architektonische Maßstäbe gesetzt hat (s. S. 66).

⌃ *Der Kirschgarten mit seinen Fachwerkbauten ist das Herz der Altstadt (s. S. 37)*

Das gibt es nur in Mainz

- ***Fisch mit Narrenkappe:*** *In der Mainzer Peterskirche (20) sitzt stumm und lächelnd ein Fisch mit Narrenkappe. Er gehört zu einer Figurengruppe des Pfälzer Künstlers Gernot Rumpf, der das Wort vom Menschenfischer Petrus wörtlich nahm und unter dem Altar ein Netz mit bronzenen Fischen anbrachte, die allesamt menschliche Gesichter haben.*
- ***ZDF-Fernsehgarten:*** *Eine der populärsten deutschen Unterhaltungssendungen wird jeden Sommer live vom Mainzer Lerchenberg ausgestrahlt. Musik, Spiel und Spaß, bei dem jeder dabei sein kann (ZDF (30)).*
- ***Weck, Worscht un' Woi:*** *Das Mainzer Nationalgericht verschönt nicht nur die närrischen Tage. Mainzer Fleischwurst gehört zu den besten im Land und auch die Weine aus der Region können sich sehen und trinken lassen. Man sollte sie beim samstäglichen Marktbummel (s. S. 103) unbedingt probieren!*
- ***Rote und blaue Straßenschilder:*** *Seit 1853 führen in der Innenstadt alle Straßen mit roten Schildern zum Rhein und die mit blauen Schildern verlaufen parallel zum Fluss. So kann man sich in Mainz eigentlich kaum verlaufen! Die Hausnummern in den Straßen mit roten Schildern steigen in Richtung Rhein an, in den Straßen mit blauen Schildern steigen sie mit der Flussrichtung. In den weiter vom Fluss entfernten Stadtteilen gibt es allerdings auch weiße Straßenschilder.*

Höhepunkt jedes Besuchs aber sind der Besuch des **Doms (1)** und ein Bummel über die **Domplätze.** Dreimal wöchentlich ist dort Markt. Hier kommt der Tagesbesucher der Stadt und ihrem Lebensrhythmus vielleicht am nächsten. Wer die Mainzer Schönheiten und Sehenswürdigkeiten aber nicht nur „abhaken", sondern wirklich kennenlernen möchte, sollte mindestens einen Tag länger bleiben oder am besten gleich für ein verlängertes Wochenende. Tipps für einen erlebnisreichen Stadtspaziergang finden sich auf Seite 16.

Kurztrip nach Mainz

1. Tag

Vormittags

Wer am Wochenende in Mainz ist, sollte früh aufstehen, es lohnt sich. Denn samstagmorgens lockt im Schatten des **Doms (1)** der große **Wochenmarkt** (s. S. 103). Hier lebt die Stadt, Lebensfreude mischt sich mit Geschäftssinn und man kommt schnell mit den Mainzern in Kontakt, die am späten Vormittag an den Wurstständen vor dem Ostturm des Doms kraftvolle Suppen probieren – oder ein Stück heißer Fleischwurst, das Mainzer „Nationalgericht". Von März bis November schenken Winzer hier auch fast immer Weine aus der Region aus. Da hat mancher schon vergessen, dass der Dom oder das um die Ecke gelegene **Gutenberg-Museum (4)** zu den touristischen Magneten der Stadt gehören.

[>] In der Peterskirche (20) tragen auch die Fische Narrenkappen – ein Werk des Pfälzer Künstlers Gernot Rumpf

077mz Abb.: gs

Auf alle Fälle sollte man sich vormittags gemütlich durch die Altstadt treiben lassen, an deren Ende sich das **Museum für Antike Schiffahrt** 8 findet. Dahinter lockt der Stadtpark mit seinem Rosengarten, der einen schönen Blick auf den Zusammenfluss von Rhein und Main bietet und den idealen Rahmen für den traditionellen Weinmarkt (s. S. 106) Ende August/Anfang September darstellt.

Nachmittags

Von dort ist es auch nicht weit bis zur **Zitadelle mit dem römischen Drususstein** 10, der schon Goethe faszinierte und der ersten optischen Telegrafenlinie auf deutschem Boden als Signalstation diente. Chagalls Kirchenfenster und einer der schönsten gotischen Kreuzgänge am Rhein machen den Besuch der **Stephanskirche** 11 zu einem Erlebnis. Bei schönem Wetter lohnt ein Bummel am **Rheinufer** 23. Im Sommer sind die künstlichen Sandstrände verlockend, wo es sich im Liegestuhl herrlich dösen lässt; oder die Biergärten, die sich nicht nur am Rheinufer finden. Wenn die Schatten länger werden, sorgt die Abendsonne auf der anderen Rheinseite in **Mainz-Kastel** 28 für Mittelmeer-Feeling. Über die Theodor-Heuss-Brücke ist es nur ein Katzensprung dorthin! Ist das Wetter schlecht, dann ab ins Museum! Die Auswahl ist groß: **Landesmuseum** 18 und **Gutenberg-Museum** 4 sind erste Adressen für kunst- und kulturgeschichtlich Interessierte. Für Eltern mit Kindern ist das **Naturhistorische Museum** 19 eine Stippvisite wert.

Abends

Gut essen, Kultur oder große Sause? Oder lieber durch die Weinstuben der Altstadt bummeln? Abends hat man die Qual der Wahl! Wer es weniger vornehm und volksnaher mag, zieht durch die **Szenekneipen** der Neustadt. Kulturfreunden bieten das **Staatstheater** (s. S. 94) mit seinen Bühnen, eine der Veranstaltungshallen oder das renommierte Kleinkunsttheater **unterhaus** (s. S. 94) viele interessante Angebote.

Fassenacht am Rhein: Mainz, wie es singt und lacht

Singende und lachende Narren haben die Stadt in aller Welt bekannt gemacht. Die „Fassenacht" ist zum Mainzer Markenzeichen geworden, das bei gutem Wetter am Rosenmontag mehr als eine halbe Million Menschen auf die Beine bringt. Voraus gehen ein paar närrische Wochen, in denen vor allem im Saal gefeiert wird.

Schon im Mittelalter wussten die Mainzer Fastnacht zu feiern. „Man ißt viel zu viel in diesen Tagen, bis in den Mittag schläft man den Rausch aus, überhaupt ist alles verkehrt und verrückt, die Herren werden zu Sklaven, die Weiber zu Männern, Jünglinge verwandeln sich in Greise und Jungfrauen, aus Menschen werden vermummte böse Geister, die Tage werden zu Nächten, und die Nächte macht man zu Tagen", schrieb Dietrich Gresemund, Hofarzt und Berater des Mainzer Kurfürsten, anno 1495.

Ihre heutige Form fand die Fassenacht aber erst viel später. 1838 gründeten die Mainzer den ersten Karnevalsverein. Schon ein Jahr zuvor war die Mainzer Ranzengarde in die närrische Schlacht gezogen: eine militärisch gegliederte, Uniform tragende Bürgerwehr, die sich der Persiflage militärischen Drills verschrieben hatte. Noch heute sind die Garden das Rückgrat der Fassenacht: uniformierte Streiter für Gott Jokus, in deren Gewehrläufen Blumen statt Kugeln stecken und die mit Konfetti statt Kanonen schießen. Wie beim Militär sind auch die Garden rangmäßig organisiert: vom Sergeanten bis zum Generalfeldmarschall.

Schon am Martinstag kommen die ersten Gardisten und Narren zur Verkündung des närrischen Grundgesetzes auf dem Schillerplatz zusammen. Traditioneller Auftakt der Kampagne ist der Neujahrstag, wenn die Garden am späten Vormittag unter Helau- und Prost-Neujahr-Rufen durch die Stadt paradieren. Auch am Tag vor Rosenmontag, dem Fastnachtssonntag, ist ihnen am späten Vormittag ein eigener Umzug gewidmet. Der närrische Nachwuchs zeigt sich am Fastnachtssamstag beim Jugendmaskenzug, einem der größten in Europa. Höhepunkt des närrischen Treibens ist der Rosenmontag, wenn rund zehntausend Narren in einer bunten Parade durch die Stadt ziehen. Im Mittelpunkt stehen die sogenannten Motivwagen, dreidimensionale Karikaturen, in denen die Mainzer die Politik auf die Schippe nehmen.

Wurzelten die ersten Rosenmontagszüge ganz im romantischen Denken des frühen 19. Jahrhunderts, wurden sie mit der Zeit immer politischer. „Im Zug", schrieb 1842 eine Zeitung, „erkennt man, dass die Mainzer Carnevalhelden mit ihren Narrenstreichen noch andere Zwecke verfolgen als momentan zu belustigen." 1846 verbrannten die Karnevalisten am Schluss des Umzuges symbolisch die damals herrschende Zensur in Gestalt einer Pappfigur und schmückten das Haupt Gutenbergs auf seinem Denkmal mit einem Kranz. Erst Ende des 19. Jahrhunderts kamen die großen Rosenmontagswagen mit ihren gigantischen Aufbauten in Mode, als man Architekten für die Gestaltung der närrischen Karossen gewann. 1927 bereicherten den Rosenmontagszug die ersten, damals „Dickköpp" genannten Pappmaschee-Figuren. Heute firmieren sie als „Schwellköppe" und gelten

007mz Abb.: gs

als Markenzeichen des größten und schönsten Mainzer Volksfestes.

Noch mehr als die Straßenfastnacht aber bestimmt die Saalfastnacht das öffentliche Bild der Stadt, denn seit 1955 erscheinen die Mainzer Narren Jahr für Jahr im deutschen Fernsehen. Zwar ist die TV-Sitzung „Mainz bleibt Mainz, wie es singt und lacht" längst kein Straßenfeger mehr wie in den 1950er- und 1960er-Jahren, noch immer aber gilt sie als erfolgreichstes deutsches Karnevalsprogramm. Manchen Narren machte die Fernsehsitzung gar zum Star. So wie Ernst Neger, den singenden Dachdeckermeister, der mit seinem „Heile, Heile Gänsje" Millionen Menschen im Nachkriegsdeutschland Trost spendete oder sie mit „Humba Tätärä" von den Sitzen riss. Unvergessen ist auch Rolf Braun, einer der ganz großen Büttenredner, oder Herbert Bonewitz, der dem Volk besonders gern die Leviten las. Und auch der „Bote vom Bundestag" verkörperte Jahr für Jahr Gesellschaftskritik vom Feinsten. Es ist das närrische Rügerecht, das die Mainzer perfekt beherrschen.

Partygänger kommen spät abends in der **Mainzer Südstadt** auf ihre Kosten, wo sich die Szenelokale neben einem Kinozentrum (s. S. 97) ballen. Und wie in allen größeren Städten fängt auch in Mainz das Nachtleben erst gegen Mitternacht richtig an – zumindest am Wochenende.

2. Tag

Vormittags

Warum das Fernsehen nicht mal aus der Nähe betrachten? Zuschauer beim **„ZDF-Fernsehgarten"** (ZDF (30)) zu sein, ist vor allem im Sommer eine Attraktion und die beste Gelegenheit, eine der größten TV-Anstalten Europas bei ihrer Arbeit zu beobachten. Alternativ stünde ein weiterer Museumsbesuch auf dem Programm. Manche Musentempel bieten spezielle Themenführungen. Und wer für Karneval oder Fastnacht etwas übrig hat: Im neu gestalteten **Fastnachtsmuseum** (s. S. 83) sind die Höhepunkte der fünften Jahreszeit das ganze Jahr über präsent: Mainz, wie es singt und lacht! Kostenlos ist der Besuch einer der schönsten deutschen **Open-Air-Graffiti-Galerien** im rechtsrheinischen Vorort Kastel, wo auf 5000 Quadratmetern Fläche Künstler aus aller Welt immer aufs Neue Wände und Mauern bunt gestalten (s. S. 68).

Nachmittags

Wieder muss man sich zwischen mehreren Möglichkeiten entscheiden: Eine Schifffahrt zum **Schloss Biebrich** (33) könnte im Sommer die erste Wahl sein. Aber mit Stadtbus oder S-Bahn ist es auch zur hessischen Landeshauptstadt **Wiesbaden** (32) nur ein Katzensprung. Im Winter und bei schlechtem Wetter bieten die **Kinos**

(s. S. 97) der Stadt zwei, drei Stunden Abwechslung. Am besten ist es aber, sich einfach durch die Stadt treiben zu lassen. Die wichtigsten Sehenswürdigkeiten sind sicher schon abgehakt und man kann sich einfach noch einmal auf die Domplätze setzen, am Rheinufer oder in der Altstadt den Tag genießen. Dann ist man mitten im „goldenen Mainz", wo einst Weltgeschichte geschrieben wurde.

Abends

Ende gut, alles gut! In einem der Altstadtlokale, wo sich statt fein gedeckter Tafeln Holztische finden, klingt die Mainz-Visite gemütlich aus. Bei einem Handkäs' mit Musik oder einer Brezel mit Spundekäs' ist es Zeit, die Tage noch einmal Revue passieren zu lassen. Aber natürlich kann man den Abend auch einfach an der Hotelbar oder in einer gemütlichen Lounge ausklingen lassen.

Stadtspaziergang

Mainz ist eine Fußgängerstadt und am besten startet man seinen Rundgang am **Dom** 1, zum Beispiel am Höfchen, dem westlichsten der **Domplätze** 3, zentraler Treffpunkt und Halt vieler Busse. Autofahrer finden in den nahegelegenen Parkhäusern meist auch einen freien Stellplatz.

Zunächst geht es in die **Altstadt**, vorbei an Johanniskirche, einem der ältesten deutschen Gotteshäuser, Leichhof und Kirschgarten, wo die umliegenden Gassen zum Bummeln laden. An der **Augustinerkirche** 6 vorbei führt das Augustinergässchen zum ältesten Mainzer Wohnhaus, dem **Haus zum Stein**, in der Weintorstraße. Über den Graben, einen kleinen Platz, geht es durch die Kapuzinerstraße mit der renovierten **Ignazkirche** 7 und durch Dagobert- und Neutorstraße zum **Museum für Antike Schiffahrt** 8. Nach der Unterquerung der Bahnlinie liegt rechts das **Römische Theater** 9 neben den Bahngleisen. Links führt eine Treppe zu einem Weg, der leicht bergauf zur Zitadelle mit **dem römischen Drususstein** 10 und dem **Stadthistorischen Museum** (s. S. 83) führt. Ein kaum befahrenes Sträßchen, das über den unterirdischen Eisenbahntunnel führt, und die anschließende Stefansstraße leiten den Stadtbummler weiter zur **Stephanskirche** 11 mit den weltberühmten Chagall-Fenstern. Man sollte unbedingt auch einen Blick in den gotischen Kreuzgang werfen, den schönsten in Mainz. Die neu ins Rampenlicht gerückte Gaustraße 12 mit ihren Szenelokalen, Restaurants und kleinen Geschäften führt bergab zum **Schillerplatz** 12 mit dem Fastnachtsbrunnen und schönen Barockpalästen. Spätestens jetzt ist Zeit für eine Kaffee- oder Mittagspause!

Den Dom vor Augen leitet die breite Ludwigsstraße, in der nur Busse und Taxen verkehren dürfen, zum **Gutenbergplatz** 13 mit dem Staatstheater und dem Gutenbergdenkmal. Auf der Alten Universitätsstraße und der Schusterstraße, an der Alten Universität und **St. Quintin** 14 vorbei, erreicht man schließlich Gutenbergs Taufkirche **Sankt Christoph** 15, die als Ruine heute an Krieg und Leid erinnern soll. In Sichtweite liegt die **Kar-**

> **Routenverlauf im Stadtplan**
> Der hier beschriebene Spaziergang ist mit einer farbigen Linie im Stadtplan eingezeichnet.

meliterkirche 16, eine viel zu wenig beachtete Schönheit.

Die Mitternachtsgasse führt von hier zum **Platz der Mainzer Republik** 17 mitten ins sogenannte **Regierungsviertel.** Hier haben die meisten rheinland-pfälzischen Ministerien, das Parlament und die Regierung ihren Sitz und hier findet sich auch die römische Jupitersäule – allerdings nur als Kopie. Das Original hat sein Zuhause ein paar Schritte weiter im **Landesmuseum Mainz** 18, das die vielleicht wichtigsten Mainzer Kunstschätze beherbergt und über die Straße Große Bleiche erreicht wird. Naturwissenschaftlich Interessierten sei das **Naturhistorische Museum** 19 empfohlen, das man auf der Mitternachtsgasse bereits passiert hat. Für alle ist die **Peterskirche** 20 einen Besuch wert, die sicher schönste Mainzer Barockkirche. Quer über den Ernst-Ludwig-Platz und die anschließende Ernst-Ludwig-Straße erreicht man die **Christuskirche** 21, den nördlichsten Punkt des Stadtspaziergangs. An dieses größte evangelische Gotteshaus der Stadt schließt sich Richtung Norden die **Neustadt** 27 an.

Die Kaiserstraße leitet ostwärts zur **Rheinuferpromenade** 23, die am **Kurfürstlichen Schloss** 22 vorbei zur **Rheingoldhalle** (s. S. 94) und dem **Rathaus** 25 führt. Jetzt ist man wieder im Mainz der Gegenwart und vor dem „Schlussspurt" ist eine letzte Pause angesagt. Vielleicht im Wilhelmi (s. S. 63) oder dem Rote Kopf (s. S. 96), zwei der vielen Weinstuben in der Gegend.

Am Rathausplatz, von dem man einen schönen Blick auf den **Eisenturm** (s. S. 64), den Rest der alten Stadtmauer, hat, überquert man auf einer Fußgängerbrücke die geschäftige Rheinstraße. Der Übergang erlaubt den Blick auf das alte **Heilig-Geist-Spital** 26, vor dessen Portal im Sommer ein Biergarten (s. S. 96) lockt. Gleich danach findet sich der Besucher mitten im größten Einkaufszentrum der Stadt, dem **Brand-Zentrum** (s. S. 99). Von hier sind es nur ein paar Schritte zum **Gutenberg-Museum** 4 und seinem Druckladen. Und damit ist man wieder auf den Domplätzen angelangt, dem Ausgangspunkt der Tour, die auf alle Fälle ein Besuch im mehr als tausend Jahre alten Dom krönen sollte. Es sei denn, man hat den schon anfangs absolviert!

008mz Abb.: gs

⊡ *Bei gutem Wetter sitzen die Gäste der Cafés und Restaurants auf den Domplätzen gern draußen*

Altstadt

Mainz erobert man am besten zu Fuß, denn die wichtigsten Sehenswürdigkeiten liegen meist eng beisammen. Richtungweisend ist der Dom. Hinter ihm erstreckt sich die historische Altstadt mit barocken Kirchen und malerischen Gassen, z. B. der Gaustraße im „Mainzer Montmartre", wie man die Gegend hier liebevoll nennt. In ihr sind inhabergeführte Lädchen, Weinbars, Frühstückslokale und Restaurants zu Hause. In der Altstadt oder zumindest an ihrem Rand finden sich die alte Festungsanlage Zitadelle, das Römische Theater und die Stephanskirche mit den berühmten Chagall-Fenstern. Barocke Prachtbauten ballen sich rund um den Schillerplatz und am Rhein gehören das Kurfürstliche Schloss und das sog. Deutschhaus, heute Sitz des rheinland-pfälzischen Parlaments, zu den Touristenzielen. Das moderne Mainz spiegeln die Synagoge in der Neustadt, das architektonisch bedeutende Rathaus und das Einkaufszentrum Am Brand, das einen Kontrast zum jahrhundertealten Dom bildet, dem Mainzer Publikumsmagnet, der sich neben den Kaiserdomen in Worms und Speyer derzeit um die Aufnahme ins Weltkulturerbe bemüht.

KURZ & KNAPP

Der Dom in Zahlen

Grundfläche: 4600 Quadratmeter
Umbauter Raum: 115.000 Kubikmeter
Sitzplätze: knapp 1000
Fassungsvermögen: 4000 Personen
Gesamtlänge innen: 109 Meter
Gesamtlänge außen: 113 Meter
Turmhöhe: Westturm 82,50 Meter, Ostturm 75 Meter
Fundamenttiefe: 7 Meter

1 Mainzer Dom ★★★ [E5]

Der Dom ist die größte Touristenattraktion der Stadt und Ziel fast aller Besucher – ein echtes Wahrzeichen. Seit mehr als tausend Jahren thront er mitten in der Stadt, ein steinernes Zeugnis kirchlicher und früher auch weltlicher Macht. Kaiser, Könige und Päpste waren hier zu Gast, aber auch US-Präsidenten und andere Weltenlenker. Der Dom veränderte immer wieder sein Gesicht, es wurde an- und umgebaut. Romanik findet sich heute deshalb neben Gotik und Barock. Fast jede Stilepoche hat innen wie außen ihre Spuren hinterlassen. Obwohl die Kathedrale im Lauf der Jahrhunderte mehr als die Hälfte ihrer ursprünglichen Ausstattung verloren hat, ist der Mainzer Dom noch immer eine der an Grabmälern und Bildwerken reichsten Bischofskirchen Deutschlands. Geweiht ist er dem heiligen Martin, von dem sich viele Darstellungen im Dom finden – die schönste und größte hoch oben auf einem der Dächer.

Architektonisch ist der Dom eine **mehrschiffige Basilika** mit einem mächtigen Langhaus und eindrucksvollen Choranlagen. Mainz verstand sich im Mittelalter als eine Art zweites Rom, kein Wunder also, dass sich die Dombauherren damals die alte **Peterskirche** in Rom zum Vorbild nahmen. Wie beim Vorbild legten sie den Hauptaltar nicht wie damals üblich in den östlichen, sondern in den westlichen Teil der Kirche und so verfügt der Dom im Westen und Osten auch über zwei mächtige Turmanlagen. Der wuchtige **Ostchor** zeigt sich am eindrucksvollsten von der Rheinseite aus. Die beiden äußeren Treppentürme verkörpern mit die ältesten Teile des Bauwerks, das mit den romani-

Mainzer Dom

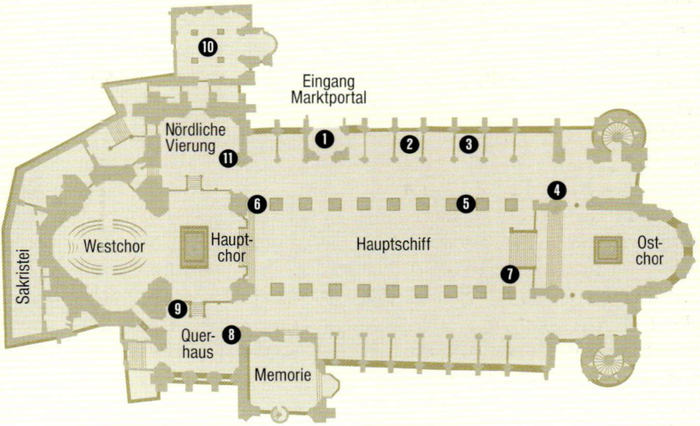

1. Marktportal
2. Grabmal Bischof Wilhelm Emmanuel von Ketteler (†1877)
3. Gotische Grablegung
4. Zugang zur Nassauer Kapelle und Krypta
5. Denkmal hl. Bonifatius (†754)
6. Denkmal Erzbischof Albrecht von Brandenburg (†1545)
7. Grabplatte Erzbischof Siegfried III. von Eppstein (†1249)
8. Denkmal Domprobst Heinrich Ferdinand von der Leyen zu Nickenich (†1714)
9. Erzbischof Konrad II. von Weinsberg (†1396)
10. Gotthard-Kapelle mit Udenheimer Kruzifix (1070)
11. Taufbecken von Meister Johannes (1328)

schen Prachtbauten in Speyer und Worms zu den sogenannten **Kaiserdomen** zählt – eine Erinnerung daran, dass hier einmal deutsche Kaiser gekrönt wurden.

Prägt den Osten die Romanik, so ist es am **Westteil** des Doms, auf den man vom Marktplatz oder dem südlich gelegenen Leichhof aus den besten Blick hat, die Gotik. Nach einem durch einen Blitzschlag bedingten Brand, der den westlichen Vierungsturm 1767 zerstörte, erhielt die Kathedrale ihren charakteristischen Turmhelm. Sein Architekt war Franz Ignaz Michael Neumann, der Sohn des berühmten Barockbaumeisters Balthasar Neumann. Damals fand auch der „Domsgickel", wie die Mainzer den Wetterhahn auf der Domspitze nennen, seinen Platz in luftiger Höhe.

Beide Turmgruppen verbindet ein eher schlichtes, romanisch geprägtes **Langhaus.** Mit seinen drei Schiffen und einem Saum kleiner Kapellen bildet es den Kern des Doms. Gotischen Ursprungs sind die großen Maßwerkfenster zwischen den Strebepfeilern. Direkt am Marktplatz findet sich auch die dem heiligen Godehard geweihte **Gotthard-Kapelle.** Sie ist ein mittelalterlicher Bau aus dem frühen 12. Jahrhundert, der dem Erzbischof einst als Privatkapelle diente und heute zum stillen Gebet genutzt wird.

Die Geschichte des Doms ist auch eine kleine Geschichte der Stadt. Der erste Bau, der nach dem damaligen

090mz Abb.: gs

Bauherrn, Erzbischof Willigis, benannte Willigis-Dom, brannte gleich zur Einweihung ab. Schon bald aber stand der neue Dom, den Kaiser und Könige als einen der **wichtigsten Treffpunkte Europas** zu schätzen wussten. Mehr als ein halbes Dutzend Weltenherrscher wie der Stauferkaiser Friedrich II. wurden hier gekrönt. Päpste wurden im Dom nominiert, Reichs- und Hoftagen bot das Gotteshaus eine eindrucksvolle Kulisse. Die Kirchenschätze, welche die Erzbischöfe im Lauf der Jahrhunderte in Mainz anhäuften, waren gewaltig.

Aber auch düstere Zeiten gab es: So zerstörten immer wieder **Brände** und **Kriege** den Bau. Zeitweise hausten fremde Truppen im Gotteshaus, die es als Viehstall oder Lebensmittellager nutzten. Besonders tragisch war die Zeit nach der französischen Revolution, als Napoleons Statthalter den Abriss des von preußischen Kanonen in Brand geschossenen Doms erwog. Im März 1801 folgte die **Versteigerung der Inneneinrichtung** und der Dom wurde bis auf die Denkmäler und Altäre leergeräumt. Nur das barocke Chorgestühl konnte später zurückgekauft werden.

Erst nach zähen Verhandlungen konnte der aus dem Elsass stammende Bischof Colmar den französischen Kaiser Napoleon überzeugen, den Dom wieder als Gotteshaus zu nutzen. 1804 wurde die Bischofskirche neu geweiht. Bald darauf erhielt der Dom eine neue, aus erbeuteten preußischen Kanonen gegossene Glocke, die Napoleon dem Mainzer Bischof geschenkt hatte. Nach der Leipziger Völkerschlacht diente das Gotteshaus den französischen Truppen 1813 auf ihrem Rückzug als Lazarett. Erst Ende 1814 konnte der Dom wieder für Gottesdienste genutzt werden.

Risse im Mauerwerk brachten Anfang des 20. Jahrhunderts das Mainzer Wahrzeichen erneut in Not. Der durch die **Flussregulierung** bedingte gesunkene Grundwasserspiegel des Rheins ließ die vielen Tausend

Ein Meisterwerk aus vergoldetem Silber und Edelsteinen ist der Mainzer Heiligenschrein

Eichenpfähle faulen, auf denen der Dom ruhte. In einer beispiellosen Rettungsaktion wurde der Untergrund deshalb mit Beton verfüllt, Gewölbe und Türme wurden mit Stahlankern gesichert und die größte Mainzer Kirche so gerettet. Wenige Jahre später aber brachte der **Zweite Weltkrieg** erneut große Schäden. Nur die Gewölbe widerstanden den Luftangriffen. Aber auch diesen Schicksalsschlag meisterten die Mainzer, die ihren alten Dom in neuem Glanz wiederherstellten.

Bis heute ist der Dom Ort täglicher **Gottesdienste**, die an Festtagen wie Ostern oder Weihnachten besonders feierlich sind. Dann werden auch heute noch die Plätze knapp. Früher waren es vor allem auch **Reliquien**, welche die Menschen nach Mainz lockten. So soll ein Unterschenkelknochen des Apostels Petrus und sterbliche Überreste des Evangelisten Markus ebenso zum Domschatz gezählt haben wie Haare und Kleider Marias und der heiligen Elisabeth, außerdem Reliquien des heiligen Nikolaus und Relikte vieler Dutzend anderer Heiliger, die in kostbaren Schreinen und Kästchen ausgestellt waren. Ob alle echt waren, fragte niemand!

Die vielen Schaustücke waren großteils der Tradition geschuldet, zur Weihe einer neuen Kirche oder Kapelle eine Reliquie des jeweiligen Namenspatrons im Altartisch einzumauern. Vor allem in den gotischen Seitenschiffen häuften sich so im Laufe der Jahre die Reliquiare. Heute ist ein 1960 gestifteter, mit vielen Edelsteinen geschmückter **Heiligenschrein aus vergoldetem Silber** die vielleicht wichtigste Pilgerstation im Dom. In der in der Regel nur zu Allerheiligen vollständig öffentlich zugänglichen **Ostkrypta** vereint er die sterblichen Überreste von 22 im Bistum Mainz besonders verehrten Heiligen: Märtyrern und Bischöfen, Priestern, Gelehrten und Soldaten, Bekennern, Jungfrauen und Witwen. In der Ostkrypta findet sich auch ein angebliches Schweißtuch Christi, das bis zu dessen Auflösung 1781 im Mainzer Altmünsterkloster aufbewahrt wurde und über Umwege schließlich in den Dom gelangte. Bis ins 19. Jahrhundert wurde das Schweißtuch öffentlich verehrt und die Mainzer pilgerten am Ostermontag zu der Reliquie. Ebenfalls über die Ostkrypta ist in der Karwoche die sogenannte **Nassauer Kapelle** zugänglich, die im frühen 15. Jahrhundert im Andenken an das Fürstenhaus Nassau gestiftet worden war. In ihr findet sich ein Heiliges Grab.

Bis heute ist der Dom samt seinem angrenzenden Kreuzgang aber auch ein **riesiger Friedhof.** Viele Hundert Kleriker haben hier ihre letzte Ruhe gefunden. An die Einflussreichsten erinnern prächtige Denkmäler, wie man sie in dieser Dichte sonst kaum findet. Zu den schönsten gehören die mehr als mannshohen Grabplatten an den Pfeilern des Langhauses, aber auch die großen Monumente im nördlichen Querhaus. Aufmerksamkeit verdient die letzte Ruhestätte des großen Sozialreformers **Bischof Wilhelm Emmanuel Freiherr von Ketteler** (1811–1877), des Gründers der Katholischen Arbeitnehmer-Bewegung. Gleich neben dem Besuchereingang erinnert das Grabmal an den „Arbeiterbischof", der als junger Burschenschaftler bei einem Duell seine Nasenspitze verloren hatte. 1848 gehörte er zu den Politikern in der ersten deutschen Nationalversammlung, wenig später wurde er Bischof von Mainz. Er war ein streitbarer Mann, der sich als einer der ersten in der damals neu entstandenen Industriegesellschaft für die Belange der Arbeiter einsetzte und in seinen Predigten vor vielen Tausend Menschen immer wieder die Sozialpflichtigkeit des Eigentums propagierte und damit auch eine neue christliche Ethik entwickelte.

Ganz andere Denkweisen prägten den Kardinal und Erzbischof **Albrecht von Brandenburg** (1490–1545), dessen Grabplatte sich am Rand des mächtigen Vierungsturms im Westteil des Doms findet. Er war Kurfürst und Erzkanzler des Heiligen Römischen Reiches und ein Mann der Macht sowie ein Frauenfreund, der eine Tochter hatte, die schließlich sein Sekretär heiratete. Seinen Lebensstil ließ sich Albrecht von Brandenburg einiges kosten. Die Ausgaben finanzierte er unter anderem mit Ablassbriefen, was Martin Luther schließlich zu seinen Thesen veranlasste, die anno 1517 an der Tür der Schlosskirche in Wittenberg erstmals aushingen. Wenn man will, war der Lebenswandel des Mainzer Kardinals einer der Gründe der Kirchenspaltung!

Domrundgang

Wichtigster und schönster Zugang zur Kathedrale ist das sogenannte **Marktportal:** eine romanische Pforte aus Sandstein, die beim Neubau der Seitenschiffe im frühen 13. Jahrhundert errichtet wurde. Ihr Schmuckstück ist die Bronzetür mit den beiden Löwenköpfen, die 3,70 Meter hoch und mehr als 3000 Kilo schwer ist. Erzbischof Willigis hatte die Tür wahrscheinlich für die damals östlich des Doms gelegene Liebfrauenkirche gießen lassen. Erst nach deren Zerstörung 1793 fand die Pforte im Dom neue Verwendung. Das Tympanon über der Tür zeigt – wie im Mittelalter üblich – Christus als Weltenrichter auf einem Thron. Links neben dem Marktportal findet sich der Besuchereingang, durch den man in der Regel den Dom betritt. Die Zeit für seine Besichtigung hängt davon ab, wie intensiv man sich auf den Dom und seine Geschichte einlässt. Ein bis zwei Stunden sollte man aber schon einplanen.

Der **Ostchor** mit seiner Apsis und den Rundbogenfenstern, zu dem heute eine große und breite Freitreppe führt, ist der älteste Teil der Mainzer Bischofskirche. Es ist eine nüchterne Formsprache, die diesen ältesten Domteil dominiert. Gleiches gilt auch für die unter dem Chor gelegene **Krypta**, die erst Ende des 19. Jahrhunderts im neoromanischen Stil vollendet wurde. Hier auch findet sich eines der schönsten Schmuckstücke des Doms, der Mainzer Reliquienschrein.

Weitaus mächtiger als der Ostchor ist der **Westchor** mit seinem Gestühl. Es wurde zwischen 1755 und 1760 geschaffen und gilt als eines der schönsten Rokokogestühle Deutsch-

EXTRAINFO

Verhaltensregeln im Dom

Der Dom ist ein **Ort der Andacht und des Gebets** – kein Museum! Rauchen, Essen und Trinken verbieten sich ebenso wie lautes Reden. Handys gehören abgeschaltet und auch auf die Kleidung sollten Besucher achten: Kurze Hosen, Miniröcke, ärmellose Hemden sowie schulterfreie Blusen sehen die Domaufseher nicht gern. Fahrräder, Rollschuhe oder Inlineskates müssen ebenso draußen bleiben wie alle Vierbeiner. Fotografieren zu privaten Zwecken ist erlaubt!

lands. Auch unter dem Westchor findet sich eine **Krypta.** Sie ist dem Nachfolger des heiligen Bonifatius, Bischof Lullus, geweiht und wurde im Rahmen der Sanierung der Domfundamente als Bischofsgruft angelegt.

Schräg vor dem nördlichen Ausgang der Krypta findet sich das **Taufbecken** des Doms, das vermutlich anno 1328 für den Dom gefertigt wurde. Das wegen seiner dunklen Tönung und Schlichtheit gern übersehene Taufbecken ist eines der größten, die je aus Zink gegossen wurden und bis auf den Deckel, der von 1804 stammt, noch im Original erhalten. Es zeigt Christus, Maria mit dem Jesuskind, die zwölf Apostel und den Namenspatron des Doms, den heiligen Martin, mit dem Bettler.

An die nördliche Vierung schließt sich die **Gotthard-Kapelle** an. Ihr Portal aus der Mitte des 13. Jahrhunderts schmückte ursprünglich die Rheinseite des Heilig-Geist-Spitals und fand erst Mitte des 19. Jahrhunderts den Weg in den Dom. Die romanische Kapelle ist heute ein Ort der Andacht, ihr Schmuckstück ist das sogenannte **Udenheimer Kreuz:** ein 1962 erworbenes Holzkruzifix, das Fachleute auf das 11. oder 12. Jahrhundert datieren.

Man geht nun zurück ins **Hauptschiff,** in dessen oberen Bogenfeldern sich knapp zwei Dutzend Ölgemälde mit biblischen Szenen aus der Lebens- und Leidensgeschichte Jesu finden. Sie entstanden zwischen 1864 und 1878 nach Entwürfen des Malers Philipp Veit, der zum Künstlerkreis der „Nazarener" gehörte, einer lange Zeit kunsthistorisch wenig beachteten Gruppierung, die eine Erneuerung der Künste auf Grundlage des katholischen Glaubens anstrebte.

033mz Abb.: gs

Im Hauptschiff und seinen beiden Seitenschiffen haben die **kleinen Kapellen** mit ihren Altärchen und die vielen **Grabdenkmäler** besondere Beachtung verdient. Wand- und Pfeilerskulpturen vom Frühmittelalter bis ins 19. Jahrhundert sind hier Spiegel bester deutscher Bildhauerkunst. Die jüngeren sind aufrecht stehende Monumente, die älteren meist Abdeckplatten von Gräbern, so wie die **Tumbaplatte für den Erzbischof Bonifatius** (746–754), die einer seiner Nachfolger 1357 fertigen ließ. Seit 1823 hängt sie im Dom. Noch älter ist die **Grabplatte des Erzbischofs Siegfried III. von Eppstein** (1230–1249) am ersten südlichen Mittelschiffpfeiler, ein einmaliges Sand-

Vom Ostchor führt der Blick durchs lange Hauptschiff zum Westchor mit dem Hauptaltar

steinmonument, das den Bischof auf einem Löwen und einem Fabeltier stehend zeigt. Der Gottesmann, so sollte die Botschaft der Grabplatte lauten, hat das in den Tieren verkörperte Böse überwunden. Und noch eine zweite Botschaft versteckten die Bildhauer in dem Monument: Die beiden Könige, die der Erzbischof krönt, sind wesentlich kleiner als er selbst dargestellt. Gegenüber der kirchlichen Herrschaft, so suggerierte man damals im Mainzer Erzbistum, verblasse jede weltliche Macht.

Frauenlob, der Mainzer Meistersinger

Als Frauenlob machte der Minnesänger und Dichter ***Heinrich von Meißen*** *Mainzer Geschichte. Eine Straße, ein Platz und ein Gymnasium erinnern namentlich noch heute an ihn. Eine stark verwitterte* ***Grabplatte im Kreuzgang des Doms*** *zeigt acht Frauen in Trauerkleidung, die seinen mit einem Tuch verhüllten Sarg zu Grabe tragen. „Frauenlob" war der Künstlername des Mannes, der als „Berufsliterat" von einem europäischen Fürstenhof zum anderen reiste und seine Lyrik vortrug. Ein Mann von Welt also, der in seinen Werken die Frauen lobte, allen voran die Jungfrau Maria, deren Tugend und Schönheit er immer wieder pries. In Mainz soll er einst eine* ***Singschule*** *gegründet haben, welche die Kunst des Dichtens und Singens unter das Volk tragen sollte. Aus dieser Bewegung gingen später die sogenannten* ***Meistersinger*** *hervor, die in regelmäßigen Wettbewerben ihre besten Sangeskünstler wählten – und* ***Richard Wagner*** *Jahrhunderte später zu einer seiner besten Opern inspirierten.*

Heinrich von Meißen starb 1318 in Mainz. Angeblich, erzählt eine Legende, habe ihn ein italienischer Sänger vergiftet, der Frauenlob in einem Wettsingen unterlegen war. Die Grabplatte im Dom – ob er wirklich dort bestattet wurde, ist allerdings wissenschaftlich umstritten – zeigt den Stellenwert, den der Liedermacher in Mainz genoss. Die 1774 aus Unkenntnis zerstörte Grabplatte wurde 1783 erneuert und im Ostflügel des Kreuzganges eingelassen, wo man sie heute noch findet (s. Bild). Da auch diese Platte aber schnell verwitterte, stellte man 1842 ein neues ***Grabdenkmal*** *auf, das sich heute im Bischöflichen Dom- und Diözesanmuseum* **2** *findet: ein Relief aus Carrara-Marmor, das eine trauernde Dame zeigt, wie sie einen Kranz auf Frauenlobs Sarkophag legt.*

033mz Abb.: gs

Das erste zum Aufhängen bestimmte Monument, also keine Grabplatte mehr wie bis dahin gewohnt, ist das **Grabdenkmal für Konrad II. von Weinsberg** (1390–1396) im südlichen Querhaus. Es zeigt den Erzbischof auf einem Löwen und über ihm zwei Engel, die das Schweißtuch Christi halten. Aus diesen noch recht einfachen Grabmälern wurden in der Renaissance, mehr noch aber im Barock prunkvolle Grablegen wie das schräg gegenüber gelegene **Denkmal des Dompropstes Heinrich Ferdinand von der Leyen.** Er gab sein Grabmal anno 1706, also schon viele Jahre vor seinem Tod, bei einem westfälischen Hofbildhauer in Auftrag. Mit mehr als 8 Metern Höhe und fast 5 Metern Breite ist es das größte Grabdenkmal im Dom.

Einen Blick haben auch die vielen **Seitenkapellen** verdient. Viele wurden im Mittelalter gestiftet und waren mit sogenannten Benefizien ausgestattet, eine Art Stiftung, aus deren Ertrag regelmäßig Messen gelesen wurden. So existierten Mitte des 16. Jahrhunderts im Dom 42 Altäre mit 48 Benefizien und tagsüber wurde fast rund um die Uhr Gottesdienst gefeiert. Manche Kapellen sind auch heute noch prächtig ausgestattet. So findet sich gleich neben dem Ketteler-Grab ein neugotischer Marienaltar mit drei sehenswerten spätgotischen Plastiken. Wenig weiter gehört die Grablegung des sogenannten Adalbertmeisters, die in lebensgroßen Figuren die Beweinung Christi darstellt, zu den schönsten Bildhauerarbeiten im Dom – ein Kunstwerk aus dem späten 15. Jahrhundert.

034mz Abb.: gs

Löwenköpfe zieren das rund tausend Jahre alte Marktportal des Doms

An den Dom schließt sich im Süden der **Kreuzgang** an, eine Anfang des 15. Jahrhunderts vollendete gotische Anlage, die immer wieder zerstört wurde, zuletzt im Zweiten Weltkrieg. Auch hier erinnern kleine und große, oft verwitterte Denkmäler auf dem Boden und an den Wänden an berühmte Männer wie den Minnesänger Heinrich von Meißen, genannt Frauenlob. Im Obergeschoss des Kreuzganges und in den ehemaligen Kapitelräumen ist heute das Bischöfliche Dom- und Diözesanmuseum 2 untergebracht.

- **Dominformation** (vermittelt Führungen und verkauft Karten für Domkonzerte): Markt 10, Tel. 06131 253412, www.mainzerdom.bistummainz.de/dominformation-neu/, Mo.–Fr. 9–17 (Mai–Sept. 9–18), Sa. 9–14 Uhr
- **Dombesichtigung:** März–Okt. Mo.–Fr. 9–18.30, Sa. 9–16, So. 12.45–15 und 16–18.30 Uhr, Nov.–Febr. Mo.–Fr. 9–17, Sa. 9–15, So. 12.45–15 und 16–17 Uhr (im Sommer durchgehend geöffnet)
- **Gottesdienste:** werktags 7, 7.30 und 8.15 Uhr in der Gotthard-Kapelle, So. und feiertags 7, 8, 10 und 11.30 Uhr

Kleine Dombaugeschichte

1009 Ein Großbrand zerstört den von Bischof Willigis erbauten Dom am Weihetag.

1036 In Anwesenheit von Kaiser Konrad II., König Heinrich III. und 17 Bischöfen wird der Nachfolgebau geweiht. Von ihm sind die unteren Stockwerke der beiden Treppentürme im Osten sowie Teile des Ostbaus und der Nordwand des Querhauses erhalten.

1081 Zweiter großer Dombrand

nach 1100 Wiederaufbau, in dessen Rahmen der Ostchor mit großem Mittelturm und Ostapsis entsteht

1137 Weihe der romanischen Gotthard-Kapelle, einer der ältesten Domkapellen Deutschlands. Neubau eines Mittelschiffs.

1159 Verwüstung der Kathedrale während eines Aufstandes gegen Erzbischof Arnold

1239 Erzbischof Siegfried III. weiht im Beisein König Konrads IV. den wieder aufgebauten Dom. Damit ist das romanische Bauwerk in seiner bis heute erhaltenen Grundform vollendet.

1279–1319 Anbau der gotischen Seitenkapellen

um 1400 Neubau des gotischen Kreuzgangs anstelle einer älteren, romanischen Anlage

1482 Gotische Aufstockung der Westtürme. Erhalten sind die Stockwerke bis zur Domuhr.

1683 Umgestaltung im Stil des Barock. Seitlich des Altars entstehen Emporen für Orgel und Orchester, im Ostchor werden neue Altäre aufgestellt.

1767 Ein Blitz zerstört die westliche Turmgruppe, das Nordquerhaus und die Gotthard-Kapelle. In den Folgejahren erhält der Dom einen neuen Turmhelm.

1793 Während der Belagerung der Stadt schießen preußische Truppen das Bauwerk in Brand. Betroffen sind vor allem Ostgruppe und Kreuzgang, nur Gewölbe und Steindächer der Westgruppe halten dem Beschuss stand.

1828 Der zentrale Ostturm erhält ein neues Dach, das nach seinem Konstrukteur „Moller-Kuppel“ genannt wird. Wegen ihres Gewichts wird sie gut 40 Jahre später wieder abgebrochen – zur Freude der Mainzer, die sich mit der Kuppel nie anfreunden konnten.

1859 Beginn der Ausmalung der bis dahin weißen Gewölbe und Bogenfelder des Langhauses mit Ölbildern der Nazarener. Die schönsten stammen von Philipp Veit, dessen Bilderzyklus aus dem Leben Jesu sich bis heute erhalten hat.

1875 Neu-romanische Gestaltung des großen Ostturmes und Wiedererrichtung der Krypta im Ostchor

1924–1928 Fundamente aus Beton ersetzen die Jahrhunderte alten Eichenholzpfähle, die verfault waren.

1942–1945 Luftangriffe setzen die Domdächer in Brand, Sprengbomben zerstören Kreuzgang und Seitenkapellen, auch die Gotthard-Kapelle wird stark beschädigt. Am stärksten leidet der Dom bei einem Bombenangriff im Februar 1945.

1975 Abschluss der schon 1945 begonnenen kriegsbedingten Renovierungsarbeiten

1990 Papst Johannes Paul II. trifft sich in den Kapitelsälen zum Meinungsaustausch mit ranghohen protestantischen und jüdischen Vertretern.

2001 Start einer umfassenden Domsanierung, die noch längst nicht abgeschlossen ist

2 Bischöfliches Dom- und Diözesanmuseum ★★ [E5]

Fast zweitausend Jahre Kirchengeschichte dokumentiert das Bischöfliche Dom- und Diözesanmuseum, das als eines der schönsten religiösen Museen Deutschlands gilt. **Meisterwerke aus dem Spätmittelalter und der Neuzeit** künden von der Macht der Kirche, aber auch vom Glauben der Menschen, von ihren Freuden und Leiden. Neben seiner ständigen Sammlung überrascht das Museum immer wieder mit sehenswerten **Sonderausstellungen.** Und wer will, kann sich schon vor seiner Mainz-Reise die schönsten Museumsstücke auf der Website des Museums ansehen.

Eine gewaltige Sammlung steinerner Denkmäler, von denen viele noch im Kreuzgang stehen, bildeten die Grundlage des 1925 offiziell gegründeten Museums. Dazu kamen Kunstwerke aus den Pfarrgemeinden des Bistums, die schon bald eine Vergrößerung notwendig machten. So wurden vor einigen Jahren auch die **mittelalterlichen Gewölbehallen** erschlossen, ein einmaliges Architekturensemble aus der ersten Hälfte des 11. Jahrhunderts, das häufig auch als Kulisse für Sonderausstellungen dient.

Zu den ältesten Museumsschätzen gehören Steinskulpturen aus den Kindertagen der Mainzer Kirchengeschichte. Frühgotik vom Feinsten zeigen die Arbeiten des sogenannten **Naumburger Meisters,** der Mitte des 13. Jahrhunderts als Dombildhauer einmalige Kunstwerke wie den Lettner im Westchor schuf, von dem sich noch einige Reste wie „Der Zug der Seligen“ bis heute erhalten haben. Beachtung verdienen auch die **Muttergottesfiguren.** Zu ihren schönsten gehört die „Fuststraßenmadonna“ – benannt nach ihrem letzten Standort in der Mainzer Fuststraße –, die zum Vorbild vieler anderer Mariendarstellungen wurde und vermutlich aus der im 13. Jahrhundert neu erbauten Augustinerkirche 6 stammt. Mit dem spielenden Jesuskind auf dem linken Arm, lockiger Haarpracht und immer lächelnd, verkörpert sie bis heute ein Muttergottesbild, wie es auch die Madonnen späterer Jahre meist kennzeichnet.

Im Obergeschoss des Domkreuzganges finden sich vor allem Kunstwerke aus Spätgotik und Barock. Allen voran die meterhohe **Kreuzigungsgruppe aus St. Ignaz,** deren Kopie noch vor der Kirche in der Altstadt steht. Gestiftet hatte die Skulpturen

035mz Abb.: gs

Kreuzigungsgruppe im Dom- und Diözesanmuseum

der Bildhauer Hans Backoffen, der im Dienst des Mainzer Kurfürsten stand. Rechts und links neben dem gekreuzigten Christus kauern die Schächer, wie man die mit Jesus gekreuzigten Verbrecher in der Kunstgeschichte bis heute nennt. Über dem reuigen Schächer Dismas schwebt ein Engel mit dessen Seele zum Himmel, während sich der Teufel bereits der Seele Gesmas bemächtigt hat, der seine Taten nicht bereut hatte. Am Fuße des Kreuzes trauert Maria Magdalena, flankiert von der Gottesmutter und dem Apostel Johannes.

Sehenswert auch zwei Bilder aus der Werkstatt von **Lucas Cranach d. Ä.** (1475–1553). „Christus segnet die Kinder" ist eines tituliert, das den Heiland inmitten einer Schar vornehm gekleideter Mütter zeigt, die ihm ihre Jüngsten zum Segnen entgegenstrecken. Nur einer nuckelt noch frech an der Mutterbrust. Beachtenswert ist auch ein Bildnis, das den Erzbischof Albrecht von Brandenburg als heiligen Martin zeigt, und die Darstellung einer sogenannten **Gregorsmesse.** Sie zeigt Papst Gregor, dem während eines Gottesdienstes Zweifel an der Realpräsenz Christi in Brot und Wein beschleichen, worauf ihm Christus als Schmerzensmann leibhaftig erschienen sei und sein Blut in den Messkelch vergossen haben soll. Zu den größten Ausstellungsstücken gehören **Altäre** und ein bunter **Paramentenschrank** aus Bad Wimpfen, in dem im 18. Jahrhundert die Messgewänder aufbewahrt wurden.

Liturgisches Gerät, von dem manches an hohen Festtagen noch immer im Dom zum Einsatz kommt, birgt die **Schatzkammer** des Doms: Monstranzen, Kelche, Bischofsstäbe, Mitren, Evangeliardeckel, Weihwasserkessel oder Lavabo-Garnituren zum Händewaschen vor der Gabenbereitung

Kümmernis: die Jungfrau mit dem Bart

Zu den Raritäten im Bischöflichen Dom- und Diözesanmuseum zählt ein Kreuz mit der sogenannten Kümmernis. Sie zeigt eine bärtige, ans Kreuz gebundene Frau und erinnert an eine im Mittelalter vermutlich in den Niederlanden entstandene Volkslegende, die sich im Barock stark verbreitet hatte, die später aber kaum noch jemand zur Kenntnis nahm.

Im Mittelpunkt steht eine christliche Jungfrau, die angeblich keine Lust hatte, einen Heiden zu heiraten. Als der Vater sie zu dieser Vermählung drängte, bat sie Gott um einen Bart. Aus Zorn habe der Vater die Widerspenstige schließlich in Lumpen an ein Kreuz gebunden. Die Sterbende, erzählt die Legende, hätte drei Tage lang vom Kreuz herab gepredigt und viele Menschen bekehrt – auch ihren Vater, der nach ihrem Tod zur Buße eine Kirche baute.

Zahlreiche weitere Geschichten rankten sich im Lauf der Jahre um „die heilige Frau Kummerniß", die schließlich auch Eingang in die Sagensammlung der Brüder Grimm fand. Manche Fachleute vermuten, die nicht kanonisierte Heilige, die zeitweise unter dem Namen Wilgefortis auch offiziell Eingang in den Heiligenkalender fand und am 20. Juli als Märtyrerin gefeiert wurde, sei eine Erfindung der Benediktiner, die damit den Gedanken der Keuschheit hochhalten wollten.

036mz Abb.: gs

– einmalige Schätze aus Silber und Gold, viele mit edlen Steinen verziert. Sie sind Prunkstücke, die daran erinnern, dass Mainz einmal einen der größten Domschätze Europas hatte, von dem allerdings ein Großteil nach der Auflösung des Kurfürstentums Anfang des 19. Jahrhunderts eingeschmolzen wurde.

› Domstr. 3, Tel. 06131 253344, www.dommuseum-mainz.de, Di.–Fr. 10–17, Sa.–So. 11–18 Uhr (Januar und Februar ggf. verkürzte Eintrittszeiten, an kirchlichen Feiertagen geschlossen), Eintritt 7 €. Jeden Samstag um 15 Uhr und sonntags um 14 Uhr findet eine öffentliche Führung statt, unregelmäßig auch spezielle Führungen für Kinder.

Eine Statue des heiligen Bonifatius ziert den Mainzer Markt vor dem Dom ❶

❸ Domplätze ★★★ [E4]

Liebfrauenplatz, Höfchen und Markt heißen die Plätze an der Nord- und Ostseite des Doms. Die meisten Besucher werden sie jedoch als eine Einheit wahrnehmen. Hier schlägt der Puls der Stadt, vor allem an Markttagen, wenn die Händler ihre Stände mit Obst und Gemüse aufgeschlagen haben, mit Fleisch, Wurst und Eiern, mit Gewürzen, Kaffee, Backwaren, Blumen und allem, was das Leben lebenswerter macht. Aber auch politische Demonstrationen, große Konzerte oder Fastnachtsveranstaltungen finden hier statt, sind die Domplätze doch der größte innerstädtische Treffpunkt.

Das **Höfchen** ist der kleinste der drei Domplätze und quetscht sich zwischen Markt und Gutenbergplatz. Sein Name verweist auf den Erzbischöflichen Hof, der hier im Mittelalter seinen Sitz hatte. Heute prägen

Sitzgruppen um eine große Brunnenanlage sein Bild. Höfchen und Markt trennte einst ein im Zweiten Weltkrieg zerstörter Renaissancebau (Hof zur Nähkiste), von dem heute nur noch der Treppenturm steht. Sein Blickfang ist eine Nischenfigur der heiligen Barbara, die dort 1717 angebracht wurde.

An das Höfchen schließt sich der **Markt** an. In seiner Mitte steht unübersehbar die sogenannte **Heunensäule.** Sie wurde der Stadt 1975 geschenkt und wiegt rund 16 Tonnen. Angeblich wurde sie schon vor einem Jahrtausend zusammen mit einem guten Dutzend ähnlicher Säulen aus einem Felsblock bei Miltenberg geschlagen. Den Fuß des Steinhünen umrahmt eine vom Pfälzer Künstler Gernot Rumpf gestaltete Bronzeplastik. Die Kopfbedeckungen an ihren vier Enden verweisen auf die abwechslungsreiche Mainzer Ge-

Zierde der Renaissance: der Mainzer Marktbrunnen

Einen der schönsten deutschen Marktbrunnen stiftete 1526 Kurfürst Albrecht von Brandenburg. Offizieller Anlass war die Schlacht von Pavia, welche die Macht der Habsburger festigte. Zum anderen, so verraten die Bilder am Brunnen, sollte das Denkmal an die blutig beendeten Bauernkriege erinnern. Nur mithilfe kaiserlicher Truppen konnte nämlich Kurfürst Albrecht von Brandenburg damals den Aufstand der einfachen Leute gegen Adel und Klerus in Mainz niederschlagen. Als Geste der Versöhnung stiftete er anschließend den neuen Ziehbrunnen, der die Wasserversorgung in der Stadt entscheidend verbesserte. Gleichzeitig ließ es sich der Kurfürst und Erzbischof aber nicht nehmen, die Unterlegenen noch einmal zu kränken. So zeigt einer der Pfeiler einen betrunkenen Bauern. „Obedenkh Das End" („Denk an das Ende"), mahnt die Inschrift, mit der Albrecht den trinkfreudigen und widerspenstigen Aufständischen noch einmal die Leviten las.

Das Gesamtkunstwerk aus rotem Sandstein, das vermutlich aus der Werkstatt des Bildhauers Hans Backoffen stammt, krönt heute eine Muttergottes. Sie wurde bei einer Renovierung 1890 aufgesetzt. Bis dahin bildeten die beiden Mainzer Erzpatrone, die Heiligen Martin und Bonifatius, sowie der Quellenpatron Sankt Ulrich von Augsburg seine Spitze. Den Zweiten Weltkrieg überstand der Marktbrunnen übrigens unbeschadet, weil er während der Bombenangriffe eingemauert war.

037mz Abb.: g

schichte. So erinnert der Legionärshelm an die in der Stadt stationierten römischen Truppen, die Bischofsmitra an die Zeit der kurfürstlichen Erzbischöfe, die Narrenkappe an die karnevalistische Tradition der Stadt und die Reichskrone an die Kaiser und Könige, die im Lauf der Jahrhunderte in Mainz zu Gast waren. Außerdem findet der aufmerksame Betrachter das Mainzer Wappen, den Stadtpatron Sankt Martin und den ersten Dombauherren Willigis auf dem Bronzedenkmal, das auch die dunklen Seiten der Stadtgeschichte nicht ausspart. Dazu zählt das brennende Magenza (das jüdische Mainz), ein Hinweis auf die jüdischen Pogrome in der Stadt, und ein Bild des brennenden Mainz nach den schweren Bombardements im Zweiten Weltkrieg. Verewigt haben sich in der Bronzeplastik auch zwei Zeitgenossen aus den 1970er-Jahren: der damalige rheinland-pfälzische Ministerpräsident Bernhard Vogel, der sich als kleines Vögelchen mit dem Kürzel M.P. zeigt – und ein Fuchs mit den Buchstabenkennzeichen O.B., Erinnerung an den einst populären Mainzer Oberbürgermeister Jockel Fuchs.

Den Markt umschließen eine Reihe sehenswerter Bauten. Direkt an den Dom ❶ grenzen die sogenannten **Domhäuser** mit ihren kleinen Ladengeschäften und dem **Dom-Café** (s. S. 91) mit seiner Terrasse. Es ist das älteste Mainzer Kaffeehaus und bekannt für seine Spezialitäten wie hausgemachte Schokonikoläuse oder -osterhasen. Schauseite des Marktes ist aber seine **Nordfront**, die ab Ende der 1970er-Jahre historisierend erneuert wurde. Manche Mainzer nennen die Häuserfront deshalb scherzhaft „Babbedeckelfassade“ („Pappdeckelfassade“). Wie auch immer: Die zum Teil mit Sandsteinskulpturen geschmückten Bauten und ihre mit bunten Malereien geschmückten Giebel gehören zu den populärsten Fotomotiven und fehlen in keinem Mainzer Bildband. So historisierend sich die Häuser von außen präsentieren, so modern zeigen sie sich im Inneren. Besonders deutlich wird das im östlichen Eckhaus, in dem ein kleines, vom italienischen Stararchitekten Massimiliano Fuksas konzipiertes Einkaufszentrum versteckt ist.

Dritter im Bund der Domplätze ist der **Liebfrauenplatz.** Sein Name erinnert an eine der Muttergottes geweihte gotische Kirche, die hier bis Ende des 18. Jahrhunderts stand und erst nach ihrem Abbruch den einzigartigen Blick auf den Ostchor des Doms freimachte. An der Südseite des Platzes findet sich das dem Bistum Mainz gehörige **Haus am Dom** mit seinen Pfeilerarkaden, ehemals die preußische Hauptwache.

Eine Besonderheit auf dem Liebfrauenplatz ist die sogenannte **Nagelsäule.** Die vor einigen Jahren restaurierte Holzsäule mit eisernem Kreuz auf der Spitze stammt aus dem Jahr 1916 und sollte während des Ersten Weltkriegs Gelder für die Betreuung von Kindern und Soldatenfrauen erbringen: Jeder Spender durfte damals einen unterschiedlich wertvollen Nagel in das Holz schlagen, den einfachen für 50 Pfennig, den teuersten mit vergoldetem Kopf für 20 Reichsmark. Nach heutiger Kaufkraft sollen so umgerechnet fast 800.000 Euro Spendengelder zusammengekommen sein. Umrandet ist die von einem schmiedeeisernen Gitter umgebene und sieben Meter hohe Nagelsäule von drei Pfeilern mit allegorischen Figuren. Sie sollen Einigkeit, Tapferkeit und Mildtätigkeit symbolisieren.

Unübersehbarer Blickfang am Liebfrauenplatz ist das Haus **Zum Römischen Kaiser:** der Sitz des Gutenberg-Museums 4. Über der ehemaligen Toreinfahrt ist ein im Harnisch stehender Kaiser zu sehen. Es ist eine Figur aus dem 18. Jahrhundert, die vermutlich Kaiser Karl VI. darstellt. Der ursprünglich als „Haus zum Marienberg“ errichtete und später volkstümlich als „Römischer Kaiser“ bezeichnete Prachtbau war nach dem Dreißigjährigen Krieg der erste größere Mainzer Neubau. Bauherr war der Großkaufmann Edmund Rokoch, der zuerst den Westflügel und später den Ostflügel errichten ließ. Beide verband er schließlich mit einem weiteren Bau, dessen Erker den Betrachter bis heute beeindruckt.

Im Durchgang zum dahinterliegenden, modernen Gutenberg-Museum steht unter einer Stuckdecke aus dem späten 17. Jahrhundert das älteste Gutenberg-Denkmal der Stadt: eine Sandsteinfigur aus dem Jahr 1827 (s. S. 35). Außerdem beherbergt das Haus die Wohnung des **Mainzer Stadtschreibers** oder der Stadtschreiberin, der oder die jährlich von einer Jury gekürt wird. Erste Mainzer Stadtschreiberin war 1985 die Schriftstellerin Gabriele Wohmann. Für lebhafte Diskussionen sorgt zurzeit der geplante Umbau des Museums, der das Bild des Liebfrauenplatzes stark verändern wird. Künftig soll ein mehr als 5 Millionen Euro teurer, haushoher Bibliotheksturm aus Beton Blickfang sein.

Der Druck mit beweglichen Lettern war Gutenbergs Geheimnis – wie das funktionierte, wird im Gutenbergmuseum demonstriert

4 Gutenberg-Museum ★★★ [E4]

Dem größten Sohn der Stadt und der Geschichte der Druckkunst ist das Gutenberg-Museum gewidmet. Mitte des 15. Jahrhunderts hatte Johannes Gutenberg in Mainz den Druck mit beweglichen Lettern perfektioniert und die ersten Bibeln gedruckt. Zwei von geschätzten 180 damals gefertigten Exemplaren liegen heute hinter Panzerglas im Tresorraum – und gehören neben einmaligen Handschriften und Büchern zu den Prunkstücken des Museums. In der rekonstruierten Druckerwerkstatt Gutenbergs zeigen Spezialisten dem Besucher, wie dieser gearbeitet hat. So kann jeder nacherleben, wie Gutenberg einst seine Buchstaben goss, sie kunstvoll zu Texten zusammensetzte und schließlich druckte.

Das vor mehr als einem Jahrhundert auf eine Bürgerinitiative hin gegründete Gutenberg-Museum steht im Schatten des Doms. Seit 1927 ist es im Haus Zum Römischen Kaiser daheim. 1962 wurde es um einen Neubau ergänzt, der zur Jahrtausendwende nochmals erweitert wurde. Je größer das Raumangebot wurde, desto mehr wuchsen die Sammlungen. So ist das Gutenberg-Museum heute nicht nur eine Hommage an den **Erfinder des modernen Buchdrucks,** sondern auch eine **Dokumentation der Mediengeschichte.** Und natürlich gehört zum Museum auch ein **gut sortierter Shop** mit rund 1000 Artikeln (s. S. 101).

Auf 2700 Quadratmetern Fläche erzählt das Weltmuseum der Druckkunst die Geschichte der Schrift – von jahrtausendealten Keilschriften bis zu den Kurzbotschaften der Handy-Generation. Beim Museumsrund-

039mz Abb.: gs

gang erfährt der Besucher zudem, wie aus Handschriften Bücher wurden. Auch die wurden anfangs mit der Hand geschrieben und häufig in Klöstern kopiert, wo die Mönche mit Feder und Tinte Buchstabe für Buchstabe zu Papier brachten. Viele der Bücher wurden anschließend farbig illustriert. Vor Gutenbergs Erfindung wurde auch per Holzdruck vervielfältigt: Papier wurde auf einen mit Farbe versehenen Holzstock gelegt und abgerieben, eine mühselige Arbeit. So entstanden sogenannte Blockbücher, die kostbar und daher sehr rar waren. Auch von ihnen stellt das Gutenberg-Museum wertvolle Exemplare aus.

Gutenbergs Erfindung aber – die Zerlegung des Textes in Buchstaben und Satzzeichen, in einzelne Lettern, die man anschließend wieder zu ganzen Textseiten zusammensetzen konnte – revolutionierte die Medienwelt. Und je mehr sich die Drucktechniken verfeinerten, desto größer wurde das Angebot an Gedrucktem. Eigene Abteilungen im Museum widmen sich der **Geburt der Zeitung**, die Anfang des 17. Jahrhunderts das Licht der Welt erblickte, der Kunst der **Lithografie** oder des **Buchbindens**, vor allem aber immer neuen Maschinen, die immer schneller druckten. Nostalgisch sind die Blicke auf die vor Gutenberg entstandenen Bücher, die meist kunstvoll illustriert waren und keine Seitenzahlen kannten.

Wichtigste Attraktion des Museums aber sind die im abgedunkelten Tresorraum bei konstant 21 Grad Celsius hinter Panzerglas liegenden **Gutenberg-Bibeln**, zwei von weltweit noch existierenden 49 Exemplaren. Im Vergleich zu dem bunt ausgemalten Stundenbuch aus dem 15. Jahrhundert in der Vitrine nebenan oder anderen dort ausgestellten Schriften sehen sie einfach aus. Von Gutenberg selbst gibt es neben der Bibel nur wenig Zeugnisse im Museum. So zeigt ein Modell, wie Mainz zu seinen Lebzeiten ausgesehen hat. Ein handschriftlicher Eintrag im Bruderschaftsbuch der Pfarrei St. Victor informiert über seinen Tod und zwei sogenannte Aachener Pilgerzeichen verraten, womit Gutenberg sein Geld vor dem Bibeldruck verdiente. Höhepunkt jedes Museumsbesuchs sind die **Druckvorführungen** in der rekonstruierten Gutenberg-Werkstatt im Untergeschoss. In der Regel zur vollen Stunde demonstrieren Museumsmitarbeiter dort seine Kunst. Außerdem informiert ein Film über Gutenbergs Leben. Von der Gutenberg-Bibel im Tresorraum ist übrigens immer nur eine Doppelseite zu sehen. Wer Lust auf die ganze Bibel hat: Die Website des Museums zeigt Buchstabe für Buchstabe.

› Liebfrauenplatz 5, Tel. 06131 122640/122644, www.gutenberg-museum.de, Di.–Sa. 9–17, So. 11–17Uhr (an Feiertagen geschlossen), 5 € . Das Museum ist barrierefrei. Öffentliche Führungen (Mai–Okt. und in den Ferien): Fr. und Sa. 11, So. 13 Uhr, 5 €.

Johannes Gutenberg: der Medienrevolutionär

Manche meinen, seine Erfindung sei die wichtigste im letzten Jahrtausend gewesen: der Druck mit beweglichen Lettern. Johannes Gutenberg jedenfalls revolutionierte den Buchdruck und beschleunigte damit die Verbreitung des Wissens. Ähnlich wie heute das Internet veränderten seine Techniken und Materialien, zu denen neben beweglichen Metalllettern auch die Druckerpresse gehörte, die europäische Gesellschaft. Ohne ihn, behaupten Kulturhistoriker, hätten Humanismus, Reformation und Aufklärung kaum so schnell den Weg in unsere Welt gefunden.

Wer aber war der Mann, den die Mainzer lange Jahre kaum beachtet hatten und der erst mit der Aufstellung des Gutenbergdenkmals 1837 wieder langsam ins Bewusstsein rückte? Geboren wurde er um das Jahr 1400 als drittes Kind des Patriziers Friele Gensfleisch zur Laden. Erst Jahre später wurde er nach seinem Geburtshaus, dem Hof zum Gudenberg, Henchin zu Gudenberg genannt, aus dem schließlich der heutige Name Johannes Gutenberg wurde.

Getauft wurde er vermutlich in der benachbarten Kirche Sankt Christoph, deren Ruinen noch heute mitten in der Stadt stehen. Über seine Jugend weiß man nichts. Wahrscheinlich besuchte er eine der örtlichen Klosterschulen. Gesichert ist sein Aufenthalt in oder in der Nähe von Straßburg, wo er Mitte des 15. Jahrhunderts unter anderem als Goldschmied arbeitete und seinen Schülern das Schleifen und Polieren von Edelsteinen beibrachte. Mehr Geld verdiente er aber mit der Fertigung sogenannter Wallfahrtsspiegel: aus Zinn gegossene Metallrähmchen mit Minispiegeln. Zweck dieser Pilgerabzeichen, die man gewöhnlich am Hut trug, war es, die, wie das Volk damals glaubte, von den Reliquien ausgehenden heil- und segensbringenden Strahlen aufzufangen und mit nach Hause zu nehmen.

Spätestens 1448 aber war Gutenberg wieder in seiner Geburtsstadt Mainz, wo er mit Johannes Fust eine Druckwerkstatt einrichtete, in der um 1453 die weltberühmte 42-zeilige Gutenberg-Bibel entstand. Finanziert hatte er sein Unternehmen zum Großteil

EXTRATIPP

Selbst drucken im Druckladen

Gegenüber dem Gutenberg-Museum (4) findet sich der Druckladen. Hier kann jeder samstags zwischen 10 und 15 Uhr unter fachkundiger Anleitung Gutenberg spielen und ein- und mehrfarbig drucken oder kleine und große Buchstaben zu eigenen Texten zusammensetzen. So kann man seine eigenen Visitenkarten fertigen, Poster oder die Einladungen zum nächsten Familienfest. Workshops führen das ganze Jahr über in die Geheimnisse von Buchdruck, Papierschöpfen oder Buchbinden ein, genaue Infos siehe Museums-Website.

› **Druckladen des Gutenberg-Museums,** Liebfrauenplatz 5 (Eingang Seilergasse), Tel. 06131 122686, www.gutenberg-museum.de, Mo.–Fr. 9–17, Sa. 10–15 Uhr, Zutritt mit Museumskarte

mit Geldern seines Partners, der ihn schließlich auf die Rückzahlung des Darlehens verklagte. Gutenberg verlor den Rechtsstreit und musste seine Werkstatt samt der fast fertigen Bibel an Fust abtreten. Der führte den Betrieb mit Gutenbergs Gehilfe Peter Schöffer erfolgreich weiter und rühmte sich später, die Druckkunst erfunden zu haben. Gutenberg selbst werkelte in seinem Elternhaus weiter, wo er sich mehr schlecht als recht mit kleinen Druckaufträgen durchschlug. Anno 1468 starb er schließlich in Mainz.

Gutenberg war ein faustischer Zeitgenosse: ein Bastler und Tüftler, handwerklich versiert, aber von wenig kaufmännischem Geschick. Ein eingefleischter Junggeselle, der sich auch von der Klage der „Ennelin zur Isernen Tür", der er in Straßburg die Ehe versprochen hatte, in seiner Lebensentscheidung nicht beirren ließ. Sein Verdienst war es, die Mitte des 15. Jahrhunderts bestehenden Druck- und Reproduktionstechniken zu vervollkommnen. Dazu gehörte die Entwicklung eines Handgiessinstruments, mit dem er einzelne Buchstaben schnell und fein gießen konnte. Diese Lettern wurden in Setzkästen gesammelt und mithilfe eines Winkelhakens zu Wörtern zusammengefügt. Ergänzt mit sogenanntem Blindmaterial wurde der Text zu gleich langen Zeilen gesetzt und anschließend zu druckfertigen Seiten montiert. Diese wurden mithilfe von Ballen aus Hundeleder schließlich mit Druckerfarbe bestrichen, einer von Gutenberg entwickelten Emulsion aus Ruß und Leinölfirnis. Zum Schluss kamen die Blätter zum Druck unter eine Spindelpresse, deren Handhabung er sich vermutlich bei den Winzern abgeschaut hatte.

039mz Abb.: gs

041mz Abb.: gs

Die Augustinerstraße ist das Herz der Altstadt

❺ Rund um die Augustinerstraße ★★★ [E5]

Gleich hinter dem Dom erstreckt sich die historische Altstadt mit der Augustinerstraße als wichtigster Achse. Sie ist die längste und schönste der Mainzer Fußgängerzonen. Kleine Gassen zweigen rechts und links ab, Weinstuben und Cafés, kleine Boutiquen und Läden locken mit individuellen Angeboten und auch die ältesten Mainzer Häuser finden sich hier.

Gleich gegenüber dem Westchor des Doms ❶ befindet sich die **Johanniskirche.** Sie ist die älteste Kirche der Stadt, weshalb sie gern auch als „alter Dom“ bezeichnet wird. Kunsthistorikern gilt sie als wichtiges Bindeglied zwischen spätkarolingischer und ottonischer Architektur und höchstwahrscheinlich war sie auch die erste Mainzer Bischofskirche. Aktuelle Grabungen haben das inzwischen bestätigt. So wurden Baureste aus merowingischer Zeit entdeckt. Sie bezeugen, dass es schon Mitte des ersten Jahrtausends im Schatten des heutigen Doms eine christliche Gemeinde mit eigener Kirche gegeben haben muss. Wissenschaftler sind sich ziemlich sicher, dass hier schon im 7. Jahrhundert eine frühmittelalterliche Domkirche stand – vielleicht sogar die älteste nördlich der Alpen. Mitte des 11. Jahrhunderts, nach dem Neubau des heutigen Doms gegenüber, wurde die Kirche zum Stift umgewandelt und Johannes dem Täufer geweiht. 1828 übernahm die Evangelische Gemeinde das Gotteshaus. Noch ist unklar, wie die über 100.000 bisher registrierten archäologischen Funde – von Skeletten bis Münzen – einmal präsentiert werden sollen und wie die Kirche endgültig saniert werden soll.

Schräg gegenüber der Johanniskirche liegt der **Leichhof** – ein mittelalterlicher Friedhof. Heute dient der Platz Marktleuten als Ausweichquartier, wenn die Domplätze wegen Großveranstaltungen oder dem Weihnachtsmarkt gesperrt sind.

Weiter Richtung Süden steht das **Haus zum Spiegel:** ein Fachwerkbau aus dem späten 17. Jahrhundert, dessen reich mit Schnitzereien verzierte Giebelfassade zu den schönsten der Altstadt zählt. Im Haus ist heute eine Weinstube, die ihre Gäste im Sommer auch draußen bewirtet.

Vom Haus zum Spiegel führt die **Augustinerstraße** Richtung Süden. Früher war sie die wichtigste Mainzer

Einkaufsstraße, heute ist sie der Korso der Citybummler. Auf Letztere haben sich die Cafés und Restaurants eingestellt, die den Weg säumen. Am **Kirschgarten** weitet sich die Straße zu einem kleinen Platz, der bereits im Mittelalter bestand. Seine Zierde sind zahlreiche Fachwerkhäuser aus dem 15. bis 18. Jahrhundert. Doch hinter den historischen Fassaden hat auch hier inzwischen die Neuzeit Einzug gehalten. Und manches, was jahrhundertealt aussieht, ist noch nicht mal 100 Jahre alt. Dies gilt auch für den Brunnen, der erst 1932 vom Mainzer Verschönerungsverein aufgestellt wurde, als man das Fachwerk der umliegenden Häuser freilegte. Die Madonna auf der Brunnenspitze ist der Abguss einer rheinhessischen Marienfigur. Bekanntestes Gebäude am Platz ist das um das Jahr 1500 entstandene Haus Zum Aschaffenberg (Kirschgarten 26/28), das als ältestes Mainzer Fachwerkhaus gilt.

Hinter der Adresse Augustinerstraße 55 versteckt sich der **Frankfurter Hof** (s. S. 93). In dem Saalbau wurde einst Geschichte geschrieben. Er gilt als Geburtsstätte der politisch-literarischen Mainzer Fastnacht und als Wiege demokratischer Kultur, weshalb manche ihn auch überschwänglich die „Mainzer Paulskirche" nennen. Unter anderem tagte hier 1863 Ferdinand Lassalle mit seinen Gesinnungsgenossen, aus deren Bewegung die Sozialdemokratische Partei Deutschlands hervorgehen sollte. Und auch der Arbeiterbischof Wilhelm Emmanuel von Ketteler, einer der führenden Köpfe der katholisch geprägten Deutschen Zentrumspartei, war im Frankfurter Hof gern gesehener Redner. Heute ist der Saal ein Ort für Konzerte, Podiumsdiskussionen und andere Veranstaltungen.

In der am Ende der Augustinerstraße abzweigenden Weintorstraße liegt das älteste und noch heute bewohnte Mainzer Haus, das **Haus zum Stein.** Es wurde vermutlich zwischen 1150 und 1200 als romanischer Wohnturm errichtet und galt über Jahrhunderte als höchster Profanbau der Stadt. Seinen Namen verdankt es seinem Bauherrn, der Familie zum Stein, einem alten Patriziergeschlecht. Das in den 1980er-Jahren gründlich sanierte und teilweise rekonstruierte Gebäude ist heute im Privatbesitz und verfügt im Inneren über schicke Maisonettewohnungen.

102mz Abb.: gs

Madonna auf der Spitze des Kirschgartenbrunnens – Abguss der Jungfrau Maria von Harxheim

6 Augustinerkirche und -kloster ★★ [E5]

Als Rokokoschmuckstück zeigt sich die Augustinerkirche, die heute **Seminarkirche des Priesterseminars** ist. Ihr Name erinnert an den Augustinerorden, der schon bald nach seiner Gründung Ende des 13. Jahrhunderts in Mainz ein Gotteshaus errichtet hatte. In der zweiten Hälfte des 18. Jahrhunderts musste der gotische Gründungsbau einem Neubau weichen. Seine **architektonische Opulenz** verdankt er Kurfürst Emmerich Joseph, der an einer der Hauptachsen seiner Residenzstadt, der Augustinerstraße, eine besonders prachtvoll ausgestattete Kirche haben wollte – keine „Bauernkirche" wie viele andere Gotteshäuser damals im Land.

Die Schokoladenseite der Augustinerkirche ist die **turmlose Fassadenfront** mit einer Darstellung der Krönung Mariens. Links neben ihr steht der Kirchenlehrer Augustinus, der Schutzpatron des Augustinerordens, rechts seine Mutter, die Heilige Monika von Tagaste. Oben im Bogenfeld thront die Heilige Dreifaltigkeit, der die Kirche seit 1776 geweiht ist.

Ihre ganze Schönheit entfaltet die Augustinerkirche, die im Zweiten Weltkrieg von Zerstörungen weitgehend verschont blieb, erst in ihrem Inneren. Überall lächeln **Putten** von Wänden und Decken und die **Deckengemälde** bringen den Betrachter dem Himmel näher. Sie sind die einzigen noch heute im Original erhaltenen großflächigen Barockmalereien in einer Mainzer Kirche und zeigen Szenen aus dem Leben des Kirchenlehrers Augustinus, der seine Pfeile gegen die kirchlichen Irrlehren richtet. Jakob und seine Himmelsleiter weisen dem Besucher gleich unter der Eingangsempore den Weg Richtung **Hochaltar.** Unter einem monumentalen Baldachin zeigt dieser die Kreuzabnahme Jesu und darüber Gottvater und den Heiligen Geist. Es findet sich auch eine ikonografische Rarität: ein Engel, der im Auftrag Gottvaters im Angesicht des toten Sohnes den „Schuldschein der Menschheit" zerreißt. Eine augustinisch geprägte frohe Botschaft, die dem Betrachter das gegenwärtige Leben verschönern sollte.

Das gewaltige **Deckengemälde im Chor** verweist auf die Taufe des heiligen Augustinus. Zwischen den beiden südlichen Seitenaltären, die dem heiligen Sebastian und der Muttergottes gewidmet sind, steht eine der schönsten Mainzer **Madonnen:** eine

042mz Abb.: gs

Eindrucksvolle Deckengemälde prägen die Augustinerkirche, ein Schmuckstück des Rokoko

lächelnde Frau mit einem spielenden Kind auf dem Arm. Die Lindenholzstatue wird auf das Jahr 1420 datiert und stand bis 1793 in der heute nicht mehr existierenden Liebfrauenkirche. Auf alle Fälle einen Blick, im Bestfall sogar zwei Ohren wert, ist die **Orgel** der Kirche, eine der wenigen noch erhaltenen Spätbarockorgeln Europas. Anno 1773/4 schuf sie die berühmte Hunsrücker Orgelbauerfamilie Stumm.

› Augustinerstr. 34, Tel. 06131 2660, www.bistummainz.de, Mo.–Sa. 9–17 Uhr

7 Ignazkirche ★★ [F5]

In der historischen Altstadt nicht zu übersehen ist die mächtige, frisch sanierte Sandsteinfassade der Kirche St. Ignaz, ein klassizistischer Prachtbau des Barock. Er ist dem frühchristlichen Märtyrer und Bischof **Ignatius von Antiochien** geweiht. Errichtet wurde das Gotteshaus in der zweiten Hälfte des 18. Jahrhunderts an der Stelle eines mittelalterlichen Vorgängerbaus. Neben der Kirche verdient eine **Kreuzigungsgruppe** von 1519 Beachtung, deren Original sich im Bischöflichen Dom- und Diözesanmuseum 2 findet. Es handelt sich um ein von Hans Backoffen und seiner Frau gestiftetes Grabdenkmal, das er kurz vor seinem Tod zu fertigen begann. Backoffen war Hofbildhauer der Mainzer Erzbischöfe und markierte mit seinen Arbeiten den Übergang von der Gotik zur Renaissance. In Mainz fertigte er nicht nur zahlreiche Grabdenkmäler für den Dom 1, sondern vermutlich auch Teile des Kreuzaltars in der Peterskirche 20 und den Marktbrunnen.

Die renovierte **Sandsteinfassade** von Sankt Ignaz, deren Architekt sich von der Pariser Kirche St.-Gervais-St.-Protais inspirieren ließ, zeigt in ihrer Mitte den hl. Ignatius. Die übrigen vier Figuren stellen den heiligen Michael, Christus als guten Hirten, Johannes den Täufer und eine Maria Immaculata dar und wurden 1752 für einen Kreuzgang geschaffen und 1790 dann hier aufgestellt. Imposante **Deckenmalereien**, die unter anderem das Martyrium des heiligen Ignatius zeigen, bestimmen das Kircheninnere. Ein Baldachin krönt den Hauptaltar, den vier Seitenaltäre ergänzen. Das **Orgelgehäuse** über dem Haupteingang gehört zu den klassizistischen Glanzstücken. Unter der Kirche findet sich eine **Krypta** mit fast 200 Gräbern, in der jährlich Anfang November eine Totenandacht stattfindet.

Die Kirche liegt mitten in der **Vilzbach**, wie die alten Mainzer die südliche Altstadt nennen. Fischer, Schiffer und Fährleute waren hier ebenso einst zu Hause wie der Ritterorden der Templer, der in Mainz schon im 13. Jahrhundert eine „Niederlassung" hatte. In der Kapuzinerstraße, die vor der Kirche entlang führt, fallen neben den alten Häusern ein **Holzkruzifix** aus dem 18. Jahrhundert (Kapuzinerstr. 15) und ein aus der Mitte des 18. Jahrhunderts stammender sogenannter **Schmerzensmann** (Kapuzinerstr. 39), ein Andachtsbild mit dem leidenden Christus, ins Auge. Populär ist das ebenfalls in der Straße angesiedelte Weinhaus Zum Beichtstuhl (s. S. 96), ein nicht nur bei Mainzern beliebter Feierabendtreff mit einer mehr als hundert Jahre alten Holzvertäfelung im Gastraum.

› Kapuzinerstraße 36, Tel. 06131 224264, www.bistummainz.de, tgl. 9.30–19 Uhr, Gottesdienste: So. 9.30 und 18.30, Mo. 18.30, Fr. 18.30 Uhr

8 Museum für Antike Schiffahrt (Römerschiff-Museum) ★★ [F6]

Im Süden der Altstadt liegt das Museum für Antike Schiffahrt in einer ehemaligen Markthalle. Blickfang sind die Nachbauten antiker Schiffe, allen voran die zweier römischer Kriegsschiffe aus der Spätantike. Die Originale wurden Anfang der 1980er-Jahre bei Ausschachtungsarbeiten zu einem Hotelneubau in Mainz entdeckt.

Früher wurden hier Lokomotiven repariert, später mit Obst und Gemüse gehandelt. Heute bietet die große Halle diesem Museum Platz. In seiner Mitte stehen zwei rekonstruierte große römische Kriegsschiffe, mit denen man einst auf dem Rhein patrouillierte. Eine Galerie erlaubt dem Besucher, die Schiffe auch von oben zu sehen. Schrifttafeln, Fotos und Steinreliefs, Originale und Kopien wie die der Trajanssäule in Rom geben Einblick in die **Anfänge mobiler Gesellschaften:** von den Einbäumen der Jungsteinzeit und den Booten ägyptischer Pharaonen bis zu den Schiffen der Römerzeit. Zu den Prunkstücken gehört die Nachbildung des berühmten **Weinschiffes von Neumagen,** das zum Fasstransport auf der Mosel diente. Karten zeigen die wichtigsten römischen Häfen. Bebilderte Grafiken erklären, wer die Schiffe einst kommandierte und wie die Kommandostrukturen an Bord waren.

Breiten Raum nimmt naturgemäß die **Schifffahrt entlang des Rheins** ein, wo die Römer eigene Werften unterhielten und sogar Bautrupps, die etwa im Odenwald Eichenholz schlugen und es zur Weiterverarbeitung am Rhein flößten.

Audiostationen lassen antike Berichte lebendig werden, die von Schauspielern gelesen werden – untermalt von Musik, die auf Nachbauten römischer Musikinstrumente gespielt wurde. Glasfenster erlauben einen Blick in die benachbarten **Werkstätten,** wo man den Fachleuten bei der Konservierung oder Rekonstruktion historischer Schiffsfunde über die Schulter schauen kann. Für **Kinder** gibt es einen eigenen Aktionsbereich, der auch den Jüngsten den Museumsbesuch schmackhaft machen soll.

› Neutorstr. 2b, Tel. 06131 2866316, web.rgzm.de, Di.–So. 10–18 Uhr, Eintritt frei. Jeden Sonntagnachmittag findet eine knapp einstündige Führung statt (3 €). Fotografieren ist verboten!

9 Römisches Theater ★★ [F6]

Gleich neben dem Bahnhof Römisches Theater, dem ehemaligen Mainzer Südbahnhof, finden sich die **Reste eines antiken Kulturtempels.** Sie wurden erst Ende des letzten Jahrtausends freigelegt. Das Bühnentheater war mit gut 10.000 Sitzplätzen, einem Durchmesser von 116 Metern und einer Bühnenbreite von 42 Metern einst das größte nördlich der Alpen. Ab dem ersten Jahrhundert nach Christus diente es wohl auch als Versammlungsstätte der römischen Soldaten, die hier vermutlich – wie auch am nur wenige hundert Meter entfernten Drususstein 10 – jährlich ihres in Germanien verunglückten Heerführers Drusus gedachten, der ein Stiefsohn des Kaisers Augustus war.

Nach dem Abzug der Römer verlor das Theater an Bedeutung und man nutzte seine Steine zum **Bau der Stadtmauer.** Im massiven Gewölbe fanden zeitweise die Toten aus den umliegenden Klöstern ihre letzte Ruhe. Mit dem Bau der Zitadelle verschwanden schließlich die letzten sichtbaren Mauerreste und der Musentempel geriet in Vergessenheit. Erst Mitte der 1880er-Jahre, beim Bau der neuen Eisenbahnlinie, stieß man auf die Reste des ehemaligen Bühnenhauses, die man für die Anlage der Gleise und Bahnsteige des neuen Bahnhofs beseitigte. Dass es sich dabei um ein gewichtiges Stück römischen Erbes handelte, war damals niemandem richtig bewusst. Heute ist man stolz auf das wieder entdeckte Theater, das eines Tages auch wieder als Freilufttheater bespielt werden soll.

10 Zitadelle mit Drusustein ★★ [E7]

Am Rand der Altstadt erhebt sich der Jakobsberg mit der Zitadelle, einer alten Festung. Heute beherbergt sie Teile der Stadtverwaltung und das **Stadthistorische Museum** (s. S. 83). In ihren weitläufigen **Grünanlagen** suchen die Mainzer häufig ein Plätzchen zum Abschalten und etwas Abwechslung von der Hektik in der Stadt zu ihren Füßen. Touristisch von Bedeutung ist vor allem der **Drusustein**, ein rund zwanzig Meter hoher Steinblock aus der Römerzeit, der mitten im Zitadellengelände liegt.

Im Mittelalter befand sich auf dem Jakobsberg ein Benediktinerkloster, das immer wieder Ziel von Prozessionen war und erst Ende des 18. Jahrhunderts aufgelöst wurde. Der Platz oberhalb der Stadt war vor allem strategisch von Bedeutung. Anfang des 17. Jahrhunderts verband man deshalb den Hügel mit der Stadtbefestigung und sicherte ihn erstmals mit einer Wehranlage, die man später weiter ausbaute. Es war die Geburtsstunde jener Festung, die heute als **Zitadelle** bekannt ist.

Von der Stadt her betritt man die weiträumige Anlage durch eine lange, gekrümmte Toreinfahrt. Preußen und Österreicher nutzten die Zitadelle lange Zeit als **Bundesfestung** und bauten sie im Lauf der Jahre angeblich bombensicher aus. Mit dem Friedensvertrag von Versailles aber, der den Ersten Weltkrieg formell beendete, war auch das Schicksal der Bundesfestung besiegelt. Später baute man ihre unterirdischen Gänge – die inzwischen an ausgesuchten Terminen für Touristen geöffnet sind – zu Luftschutzräumen aus, in denen viele Mainzer im **Zweiten Weltkrieg** vor den Bombenangriffen der Alliierten Schutz suchten.

Heute gehört die unter Denkmalschutz stehende Anlage samt ihrer umliegenden Festungsgräben der Stadt. Jährlich zu Pfingsten kommt Leben in die Zitadelle, wenn dort das **Open Ohr Festival** (s. S. 106) über die Bühne geht. Ein politisch motiviertes, städtisch finanziertes Freiluftfestival, auf dem fetzige Konzerte ebenso zu Hause sind wie gesellschaftliche Diskussionen. Manche finden zu Füßen des **Drusussteins** statt, eines massiven Mauerblockes aus der Römerzeit. Es sind die Überreste eines Ehrenmals für den römischen Feldherrn Drusus, der an der Mündung des Mains in den Rhein ein riesiges Lager errichtet hatte, von dem aus er Germanien zu erobern suchte. Bald nach seinem Tod im Jahr 9 v. Chr. errichtete man ihm zu Ehren das Denkmal, das heute nördlich der Alpen als eines der letzten römischen Ehrenmale am Originalstandort gilt. Im Lauf der Jahrhunderte veränderte das Denkmal immer wieder sein Gesicht. Der junge Goethe zeichnete den Dru-

Schreiben in der Luft

Es ist eine der am wenigsten beachteten Geschichten in der Medienstadt am Rhein: Mainz war Endstation der ersten ***optischen Telegrafenleitung*** *auf deutschem Boden. 1813 hatte sie Napoleon von Metz ins damals französische Mayence bauen lassen. Mit dem optischen Telegrafen konnte man mittels großer Zeiger innerhalb kurzer Zeit verschlüsselte Botschaften über große Entfernungen übermitteln. Anfangs war die Telegrafenstation auf dem Drusustein untergebracht, später auf dem Turm der Stephanskirche* ⓫. *Nach nur wenigen Monaten allerdings kappten preußische Truppen die vor allem militärisch genutzte Kommandoleitung der Franzosen und ein spannendes Kapitel Kommunikationsgeschichte war zu Ende.*

susstein bei einem seiner ersten Mainz-Besuche. Und auch die Briefmarke der Deutschen Bundespost zur 2000-Jahr-Feier der Stadt Mainz zierte der römische Mauerblock.

Stadtgeschichte erzählt zu Füßen des Drusussteins das Stadthistorische Museum in einem der alten Festungsbauten. Nach telefonischer Vereinbarung ist das ebenfalls in der Zitadelle (Bau A) untergebrachte **Garnisonsmuseum** (s. S. 82) zugänglich, das die Geschichte der Garnisonsstadt Mainz dokumentiert – für alle, die sich für alte Uniformen und Militärgeschichte interessieren.

⊡ Stephanskirche mit Kreuzgang und Turm – ein gotisches Juwel

⓫ Stephanskirche ★★★ [D6]

Die Stephanskirche zählt zu den touristischen „Big Five" der Stadt. Den Zulauf verdankt das gotische Gotteshaus vor allem seinen leuchtenden Glasfenstern, die der weltberühmte Maler Marc Chagall entworfen hat. Bis zu seinem Tod 1985 schuf der jüdische Künstler für Sankt Stephan insgesamt neun Fenster im typischen Chagall-Blau. Sie erzählen Geschichten aus dem Alten und Neuen Testament.

Beachtung verdient aber auch der Kreuzgang, der vielen als eines der schönsten Werke der Spätgotik am Rhein gilt. Die Kirche befindet sich auf einem der höchsten Punkte der Altstadt, was der Besucher des Gotteshauses, der zu Fuß aus der Altstadt kommt, bis heute gelegentlich in den Beinen spürt.

Bauherr der Kirche, ursprünglich ein Kollegiatsstift, war **Erzbischof Willigis** (Amtszeit: 975–1011), der nur ein paar Jahre später auch den ersten Mainzer Dom errichten ließ. Unter seiner Herrschaft wurde das Mainzer Erzstift zur Nummer eins unter den deutschen Bistümern.

Der erste Bau der Stephanskirche, dem Mitte des 11. Jahrhunderts eine steinerne Neufassung folgte, war ganz aus Holz. Auch die späteren gotischen Neubauten griffen die Grundstruktur der ersten Kirche immer wieder auf, sodass Sankt Stephan heute als eine der **ältesten deutschen Hallenkirchen** gilt.

Schwere Schäden fügten der dreischiffigen Kirche nicht nur die Bomben des Zweiten Weltkriegs zu, sondern auch die sogenannte **Pulverturmexplosion**, bei der 1857 ein nahe gelegenes Munitionslager in die Luft flog und die barocke Ausstattung zum Teil so schwer beschädigte, dass man sie anschließend ganz entfernte. So ist von der ehemaligen Ausstattung heute nur noch wenig erhalten. Zu den Originalen gehören der **Altarblock** aus dem 13. Jahrhundert, der lange Zeit verschwunden war und 1947 wiederentdeckt wurde, und ein um das Jahr 1500 entstandener **Tabernakel.**

Ihren Ruf als Touristenmagnet aber verdankt die Kirche ihren in Deutschland einzigartigen **Chagall-Fenstern.** Das erste wurde 1978 eingesetzt, das letzte vollendete der jüdische Künstler kurz vor seinem Tod im Jahr 1985. Weitere Fenster, weniger spektakulär, aber farblich stimmig, entstammen dem **Atelier Jaques Simon** in Reims, wo auch Chagall seine Entwürfe in die Praxis umsetzen ließ. „Die Farben sprechen unser Lebensgefühl unmittelbar an“, weiß Pfarrer Klaus Mayer, wie auch Chagall Ehrenbürger der Stadt. „Sie erzählen von Optimismus, Hoffnung und Freude am Leben“ Mayer war ein Freund Chagalls, der den weltberühmten Maler in persönlichen Gesprächen überzeugen konnte, in Mainz ein Zeichen der Verbundenheit zwischen Christen und Juden zu setzen.

So erzählt das **Mittelfenster** vom „Gott der Väter“, der im „Gott Abrahams, Isaaks und Jakobs“ ebenso Gestalt gefunden hat wie im „Gott unseres Herrn Jesus Christus“. In den **flankierenden Fenstern** hat Chagall seine Vision um den Aspekt der Heilsgeschichte erweitert und thematisiert unter anderem Paradies, Schöpfung und den am Kreuz erhöhten Christus. Wer alle Bilder verstehen will, sei auf eine der in der Regel am Wochenende stattfindenden Meditationen hingewiesen, in denen die Botschaft der Fenster erläutert wird. Ratsam

043mz Abb.: gs

ist es zudem, ein Fernglas mitzunehmen, um die Details des einzigartigen Kunstwerkes genauer zu erkennen.

Kunsthistorisch nicht weniger gewichtig ist der **Kreuzgang** an der Südseite, der einst den Stiftsherren als Begräbnisstätte diente. Davon zeugen einige Grabplatten, deren älteste aus der Mitte des 11. Jahrhunderts stammt. Auch eine Totenleuchte im Westflügel, in der früher eine Kerze zum Seelenheil der dort Begrabenen brannte, erinnert bis heute an die einstige Bestimmung. Der Ende des 15. Jahrhunderts vollendete Kreuzgang gehört zu den schönsten der Spätgotik. Seine Gewölbe sind Spitzenwerke der Steinmetzkunst mit bunten Schlusssteinen in den Bogenrippen. Sie zeigen mittelalterliche Heilige, heute aber zudem die Wappen der wichtigsten Geldgeber für den Wiederaufbau der Kirche und ihre Renovierung: Bund, Land, Bistum und Stadt. Aufmerksamen Betrachtern fallen auch ein Kreuzigungsrelief an der Südostecke ins Auge, ein 1485 gestiftetes Epitaph und ein kleiner, ebenfalls Ende des 15. Jahrhunderts in Stein gehauener Ölberg, zu dessen Füßen greifbar nah ein paar Jünger Jesu schlafen.

Zu den Wahrzeichen der Stadt zählt neben dem Dom- auch der **Stephansturm**, der die Mainzer Stadtsilhouette bis heute prägt. Viele Geschichten ranken sich um die Wohnung des Türmers, die bis 1911 dem jeweiligen Brandwächter als Unterkunft diente. Hermann Kaspar Schneider (1764–1846) hieß der berühmteste, der mit Hund und Gans in dem „Penthouse" wohnte und dort Mainzer Sagen und Gespenstergeschichten ersann. Die Wohnung mit dem spektakulären Ausblick kann gelegentlich auch besichtigt werden.

› Weißgasse 12, Tel. 06131 231640, www.st-stephan-mainz.de, Mo.–Sa. 10–16.30, So. 12–16.30 Uhr (März–Oktober je eine halbe Stunde länger). Jeden Sonntag nach dem 11-Uhr-Gottesdienst (ca. 12 Uhr) gibt es kurze Informationen zu den Fenstern Chagalls. Öffentliche Führungen zu den Chagall-Fenstern und durch die Altstadt organisiert das Tourist Service Center (mainzplus CITYMARKETING, s. S. 124) donnerstags (Mai–Okt. auch montags) um 14 Uhr, Treffpunkt vor der Kirche, Gebühr: 7 €

Der Fastnachtsbrunnen (s. S. 45) auf dem Schillerplatz ist der meistfotografierte Mainzer Wasserspender

12 Gaustraße und Schillerplatz ★★★ [D5]

Der Schillerplatz, zu dem von der Stephanskirche die steile Gaustraße hinabführt, ist einer der wichtigsten Verkehrsknoten der Innenstadt. An seiner Nordseite befindet sich das Schillerdenkmal, im Süden der Fastnachtsbrunnen, dazwischen eine kleine Grünanlage, gesäumt von harten Parkbänken. Seine Schönheit verdankt der Schillerplatz aber vor allem den ihn umgebenden barocken Adelspalästen.

Schon im Mittelalter wurde der Schillerplatz, der von Klöstern und Kirchen umgeben war, als **Handelsplatz** genutzt. Er war damals der einzige Platz in der Stadt, der jedem Rhein-Hochwasser trotzte. Neben Gemüse und Getreide wurde hier vor allem mit Schweinen, Rindern und Federvieh gehandelt. Darauf verweist auch sein früherer Name **Thiermarkt.** Zum Schillerplatz wurde er erst 1862, als man dort ein Denkmal zu Ehren des Schriftstellers **Friedrich von Schiller** aufstellte. Mit langen Locken und einem großen Buch in der Hand blickt er seitdem auf die Mainzer.

Die Ostflanke des Schillerplatzes ist fest in Hand der **Gastronomie.** Hier lassen es sich die Menschen vor allem im Sommer auf den sonnenbeschienenen Außenterrassen der Cafés und Bistros gut gehen. Menschenleer dagegen ist meist die Westflanke, wo das **rheinland-pfälzische Innenministerium** und die **Industrie- und Handelskammer** für Rheinhessen ihren Sitz haben.

Publikumsmagnet ist der **Fastnachtsbrunnen** (s. S. 45), der seit 1967 den Schillerplatz beherrscht und den wichtigsten närrischen Treffpunkt der Stadt markiert. Vom Bal-

044mz Abb.: gs

kon des angrenzenden Osteiner Hofs wird jährlich mit der Verkündung des närrischen Grundgesetzes am elften Tag im elften Monat des Jahres die Fastnacht ausgerufen. Und auch an den Tagen vor Aschermittwoch ist der Schillerplatz eines der wichtigsten Partyzentren. An die Fastnacht erinnern im Schatten des Fastnachtsbrunnens auch zwei **Bronzeskulpturen:** ein Gardetrommler der Mainzer Prinzengarde und der Bajazz mit der Laterne, die Symbolfigur des Mainzer Carneval-Vereins.

Der **Osteiner Hof** begrenzt den Schillerplatz im Süden. Er wurde um das Jahr 1750 im Auftrag des Kurfürsten Johann Friedrich Karl von Ostein (1689–1763) als damals schönster Adelshof der Stadt und Wohnsitz für den Bruder des Kurfürsten geschaffen. Weil hier einst auch der spätere Kaiser Wilhelm I. zeitweise als Gouverneur der Bundesfestung Mainz regierte, nennen die Mainzer den Osteiner Hof gern auch „Gouvernement“. Schräg gegenüber schließt sich der aus der gleichen Zeit stammende **Bassenheimer Hof** an, der als Witwensitz für die Schwester des Kurfürsten Ostein geplant war. Später war er unter anderem Gerichtsort, Fahnenstickerei und Kaffeehaus, ehe ihn die rheinland-pfälzische Landesregierung als Sitz des Ministeriums für Inneres, Sport und Infrastruktur in Beschlag nahm.

Im Verlauf der Schillerstraße finden sich weitere barocke Adelspaläste, die von der Macht der Kurfürsten

Fastnachtsbrunnen: Lebensfreude in Bronze

Der Fastnachtsbrunnen, ein Werk des Münchner Bildhauers Basilius Spreng, gehört zu den attraktivsten Sehenswürdigkeiten der Stadt. So macht fast jede Stadtführung am Schillerplatz halt. Das 1967 eingeweihte, fast neun Meter hohe Denkmal dokumentiert ein gewichtiges Stück Mainzer Kulturgeschichte. Mehr als 200 bronzene Figuren und Allegorien geben einen Einblick in das größte Mainzer Volksfest.

Zu den närrischen, als Brunnenfiguren verewigten Gestalten gehören Narren aller Art wie Till Eulenspiegel, Harlekin oder Hanswurst. Schwellköppe und Komiteeter wurden ebenso verewigt wie das Mainzer Nationalgericht Weck, Worscht un' Woi. Auch die früher traditionelle Geldbeutelwäsche am Aschermittwoch und andere närrische Bräuche haben am Fastnachtsbrunnen Gestalt gefunden. Da lohnt es sich, genauer hinzusehen!

im 17. und 18. Jahrhundert zeugen. Die schönsten sind der **Schönborner Hof** (Schillerstraße 11), in dem heute das Institut français zu Hause ist, die französische Variante des Goethe-Instituts, und der **Erthaler Hof** (Schillerstraße 44), der im Krieg fast nicht zerstört wurde und in seinem Inneren die eine oder andere originale Stuckdecke aus napoleonischen Zeiten hat. Schmuckstück an seiner Südwand ist die **heilige Bilhildis**, eine Sandsteinfigur aus dem frühen 18. Jahrhundert. Sie zeigt die Mainzer Äbtissin mit einem Klostermodell in der Hand, betende Nonnen zu ihren Füßen.

Der Legende nach soll Bilhildis nach dem Tod ihres Mannes im frühen Mittelalter in Mainz ein Altmünster genanntes Benediktinerkloster gegründet haben, das der Muttergottes geweiht war. Bilhildis gilt als Patronin der Kranken, weshalb viele Altenheime und Krankenhäuser noch heute ihren Namen tragen.

Vom Schillerplatz steil bergan führt die Gaustraße – Gaugass' nennen sie die alten Mainzer gern. An ihrem oberen Ende liegt das Gautor, von wo der Weg nach Rheinhessen und Richtung Frankreich führt. Als **Mainzer Montmartre** wird diese Gegend heute gern gehandelt, die lange Jahre im Dornröschenschlaf lag, inzwischen aber zu den neuen Szenevierteln der Stadt zählt. Wie sein französisches Vorbild verdankt das Quartier diesen Ruf schicken Kneipen und Cafés, inhabergeführten kleinen Läden, stylischen Bars und Weinprobierstuben, aber auch vielen Restaurants, die gehobene Küche anbieten. Übrigens: Die Gaustraße gehört auch zu den steilsten Straßenbahnstrecken Deutschlands.

KLEINE PAUSE

Schlachtfest in der Altstadt

Ein romantischer Innenhof mit viel Grün, der selbst an heißesten Tagen Kühle garantiert, ist das Pfund, mit dem das Traditionslokal unweit der Stephanskirche wuchert. Die Küche ist deftig, von Oktober bis März gibt es einmal monatlich Schlachtfest, dann kommen Metzelsupp', Haxe oder Stechpfeffer auf den Tisch.

1 [D6] **Zum Gebirg** €-€€, Große Weißgasse 7, Tel. 06131 6192575, www.zumgebirg.de, Di.-Sa. 17-24 Uhr

13 Gutenbergplatz ★★ [D5]

Neben den Domplätzen ist der Gutenbergplatz der wichtigste **Versammlungsort** der Mainzer. Hier kamen sie nicht nur im Vormärz zu politischen Aktionen wie der Verbrennung der Zensur in Gestalt eines Papierpopanz zusammen, hier feierten auch die Mainzer Kicker ihren Aufstieg in die erste Fußballbundesliga. Auch das künstlerisch wertvolle und vermutlich historisch gewichtigste Denkmal der Stadt steht auf dem Gutenbergplatz. Es ist dem größten Sohn der Stadt, dem Buchdrucker **Johannes Gutenberg**, gewidmet.

Schon anno 1804 hatten die damals die Stadt regierenden Franzosen den Mainzern den Bau eines Denkmals für den fast vergessenen Erfinder des Buchdrucks angekündigt, „auf dem sein Name mit unauslöschlichen Buchstaben wird geschrieben werden". Als Aufstellungsort hatten sie den Gutenbergplatz ausersehen, der am Anfang einer vom Höfchen zum Schillerplatz führenden neuen Prachtstraße lag, der Rue Napoleon. Später wurde sie im Gedenken an den Großherzog in Ludwigsstraße umbenannt. Aber erst 1837 konnten die Mainzer ihren Gutenberg tatsächlich bewundern: in der Gestalt einer **Bronzestatue**, die ihn überlebensgroß und mit Rauschebart zeigt und auf diese Weise das (falsche) Bild Gutenbergs für lange Zeit prägte. Zum Nulltarif hatte der dänische Bildhauer **Bertel Thorvaldsen** das Denkmal entworfen, was ihm die Stadt Mainz mit der Verleihung der Ehrenbürgerwürde honorierte. Von Thorwaldsen stammen auch die beiden Reliefplatten am Sockel, die an die Erfindung der Druckerpresse und der beweglichen Lettern erinnern. Männer und Frauen in ganz Europa hatten im Übrigen für den Guss des Denkmals in Paris Geld gespendet, das im Rahmen eines großen Volksfestes eingeweiht wurde.

Zur Feier des Tages war auch das gegenüber dem Gutenberg-Denkmal gelegene Stadttheater, das heutige **Staatstheater** (s. S. 94), damals festlich beflaggt. Nur wenige Jahre vorher war es eingeweiht und im Lauf der Zeit immer wieder umgebaut und erweitert worden – zuletzt, als man dem klassizistisch inspirierten Bau aus roten Bruchsteinen eine umstrittene Glaskuppel aufsetzte. Die beiden seitlichen Reliefs an den Stirnwänden verweisen auf die Zweckbestimmung des Gebäudes und zeigen links allegorisch die Tragödie, rechts die Komödie. Es sind Arbeiten des Bildhauers Ludwig Lipp, dem Mainz auch seine berühmten Fastnachts-Schwellköppe (s. S. 14) verdankt.

Mitten über den Gutenbergplatz führt übrigens der **50ste Breitengrad** – ein Winkelmaß, das die südliche oder nördliche Entfernung vom Äquator markiert. Er ist unübersehbar auf dem Boden markiert und ein beliebtes Fotomotiv.

14 Quintinskirche ★ [D4]

Sankt Quintin wurde schon anno 774 erstmals urkundlich erwähnt und gehört damit zu den **ältesten Mainzer Gotteshäusern.** Mit seinen ziegelroten Steinen samt aufgemalten Fugen ist die Kirche unweit des Doms heute nicht zu übersehen. Der jetzige Bau, eine **gotische Hallenkirche**, wurde vermutlich um das Jahr 1288 begonnen und gegen 1330 vollendet. Blickfang ist der **dreigeschossige Turm.** Seine spätmittelalterliche Türmerwohnung diente bis ins 20. Jahrhundert als eine Art Feuerwache, konnte man doch von oben bestens den Stadtkern überblicken. Die barocke Turmhaube wurde erst Ende des letzten Jahrtausends mühevoll rekonstruiert.

Ältester Kirchenteil ist der **Chor.** Er ist einfach und schlicht mit simplen Blattkapitellen gestaltet, zu denen die barocken Altäre samt Kanzel in Kontrast stehen. Die ursprüngliche **Innenausstattung** der Kirche, darunter eine wertvolle Armreliquie des Kirchenpatrons Sankt Quintin, ging im Zweiten Weltkrieg verloren. Neben einem Taufstein von 1713 haben nur zwei Steinreliefs eines um das Jahr 1500 geschaffenen Kreuzweges die Luftangriffe überlebt.

Schon 1948 aber konnte Sankt Quintin, deren Mauern der Bombardierung weitgehend standgehalten hatten, wieder für Gottesdienste genutzt werden. Vom Original des **barocken Hochaltars** mit seinem Säulenbaldachin sind nur noch die Marmorsäulen und der Figurenschmuck übrig, der Rest wurde rekonstruiert. Überlebensgroß steht der heilige Quintin links auf dem Hochaltar, rechts thront der heilige Blasius **mit seinen zwei gekreuzten Kerzen**, der zweite Patron der Kirche.

Nach dem letzten Krieg fanden einige bemerkenswerte Kunstgegenstände aus anderen Kirchen des Mainzer Bistums den Weg nach Sankt Quintin. Etwa eine **barocke Kanzel** aus der zerstörten Emmeranskirche und eine **Pietá** aus der im Krieg ebenfalls zerstörten Christophskirche. Der linke der beiden Seitenaltäre zeigt den **Apostel Judas Thaddäus,** dessen Gnadenbild immer wieder Anlaufstation gläubiger Menschen ist. „Ich flehe dich an", beten die Menschen noch heute zu ihm, „bring mit deiner besonderen Macht sichtbare und schnelle Hilfe, wo kaum mehr Hoffnung ist." Judas Thaddäus wird von den Christen in besonders ausweglosen Situationen als Helfer angerufen. Deshalb liegt auch auf dem Altar ein großes **Fürbittenbuch,** dem jeder Besucher seine Sorgen und Nöte anvertrauen kann.

Neben dem Altar befindet sich die sogenannte **Kreuzkapelle.** Ihr Schmuckstück ist ein lächelnder Christus, ein altes Holzkreuz, das vermutlich aus dem frühen 15. Jahrhundert stammt. Unbedingt einen Blick wert ist auch das große Gemälde mit der **Himmelfahrt Mariens** an der Kirchenrückwand, das ein österreichischer Barockmaler einst für das Mainzer Altmünsterkloster schuf.

Besonders empfehlenswert ist ein Besuch der Kirche zur Weihnachtszeit, wenn dort vom ersten Adventssonntag bis Anfang Februar die vielleicht schönste Mainzer **Weihnachtskrippe** aufgestellt ist.

› Quintinsstr. 5, Tel. 06131 253413, www.dompfarrei-mainz.de, Mo.–Fr. 10–13 Uhr, Gottesdienst: So. 10 Uhr, um 17 Uhr in englischer Sprache, Di. und Fr. 18.45 Uhr

15 Christophskirche ★★ [D4]

Eine eindrucksvolle **Ruine** mahnt mitten in der Stadt an Krieg und Leid. Es sind die Reste der ehemaligen Kirche St. Christoph. Heute stehen von der ursprünglich dreischiffigen Basilika, die an den Karmeliterplatz grenzt, nur noch ein paar Mauern. Bis auf ihren **romanischen Turm** mit den Doppelfenstern aus der Zeit um 1240 stammt der heutige Bau aus dem späten 13. und frühen 14. Jahrhundert. Während des großen Fliegeran-

EXTRATIPP

Antoniterkapelle (Arm-Klaren-Kloster)

Klein, aber fein! Mitten in der Stadt und doch etwas abseits findet sich ein Juwel der Stille: eine **einschiffige gotische Kapelle.** Das Gotteshaus gehörte ursprünglich zu einem Kloster der Antoniter und diente von 1620 bis zur Säkularisation 1802 den Armen Klarissen, einer kleinen, franziskanisch inspirierten Nonnengemeinschaft. Englische Bomber zerstörten die Anlage im Zweiten Weltkrieg fast völlig. Bei ihrer Renovierung 1948 kamen schließlich die alten **gotischen Malereien und Schlusssteine** wieder zum Vorschein, die den Reiz des Kirchleins heute ausmachen. Sie zeigen verschiedene Heilige neben Christus, flankiert von Maria und Johannes – originale Gewölbebilder aus der Gotik, wie man sie in dieser Vielfalt und Schönheit in Mainz sonst nicht mehr findet. Wer will, kann einem Fürbittbuch seine Sorgen und Nöte anvertrauen, aber auch Lob zollen. So wie eine Frau, die Gott dafür dankte, diesen Platz zur Einkehr und inneren Sammlung gefunden zu haben.

★2 [D4] **Antoniterkapelle,** Adolf-Kolping-Str. 6, Mo.–Fr. 10–16 Uhr

griffes auf die Stadt brannte die Kirche 1942 ab, drei Jahre später brachten Sprengbomben das Gewölbe zum Einsturz. Nach dem Krieg hat man die Ruinen bewusst als **Mahnung an die Opfer** stehen lassen. Inzwischen wurden sie als Erinnerungslandschaft neu gestaltet, die Menschen immer wieder zur Andacht und zum Innehalten nutzen.

Im Ostteil der Kirche steht noch ein von steinernen Löwen getragener gotischer Taufstein. In ihm könnte Gutenberg getauft worden sein, der in der Nachbarschaft geboren wurde und gegenüber der Christophskirche höchstwahrscheinlich auch seine letzten Lebensjahre verbracht hat.

16 Karmeliterkirche ★ [E3]

Die gotische Karmeliterkirche, die heute wieder als Ordenskirche dient, erscheint von außen wenig spektakulär. Man nimmt an, dass sich die Karmeliter Mitte des 13. Jahrhunderts wie andere Bettelorden auch in Mainz niederließen. Anfang des 18. Jahrhunderts wurde das Gotteshaus im barocken Stil erneuert.

Nach der Säkularisierung des Klosters Anfang des 19. Jahrhunderts wurde die Stadt neuer Eigentümer der Gebäude, die sie unter anderem als Schule und Lagerhalle nutzte. Als man die Kirche abreißen wollte und sich eine Bürgerinitiative dagegen wehrte, übernahm sie 1924 erneut der Karmeliterorden. Dafür hatte sich vor allem der spätere Märtyrer und selig gesprochene Karmeliter **Titus Brandsma** (1881–1942) stark gemacht, der im KZ-Dachau wegen seines Kampfes gegen die Nationalsozialisten ermordet wurde. An ihn erinnert heute ein bunter Reliquienschrein im linken hinteren Kirchenschiff. Er enthält unter anderem Reste seines Hemdes.

079mz Abb.: gs

Bei der Renovierung der Kirche Mitte der 1920er-Jahre wurden die alten **Gewölbemalereien** neu entdeckt und im mittelalterlichen Geist künstlerisch beseelt, sodass man sich heute gut vorstellen kann, wie die Kirche im frühen 15. Jahrhundert ausgesehen hat. Der Bildzyklus zeigt im Chor den leidenden Christus sowie acht Propheten und zwölf Engel mit den Leidenswerkzeugen. Beachtung verdient

Die Christophskirche, die aus dem Mittelalter stammt, wurde als Erinnerungsstätte neu gestaltet

ein bemalter **Flügelaltar** aus dem späten 14. Jahrhundert, der 1517 neu gefasst wurde. Er zeigt in seinem Mittelteil zwischen zwei Heiligen aus dem Karmelorden (heute: Karmeliterorden) die Krönung Mariens.

› Karmeliterstr. 7, Tel. 06131 288570, www.karmeliten.de, Mo.-Fr. 7-19.30, Sa./So. 8-19.30 Uhr, Morgenlob im Chorgestühl: Mo.-Fr. 7, Sa./So. 8 Uhr, Abendlob im Chorgestühl: Mo., Fr. 19.15, Di.,Do.,Sa./So. 18.30 Uhr. Beichtgelegenheit: Mo.-Sa. 8.30-11.30 Uhr

17 Platz der Mainzer Republik ★★ [D3]

Zentrum des sogenannten **Regierungsviertels** – es verdankt seinen Namen den vielen ringsum beheimateten Ministerien der rheinland-pfälzischen Regierung – ist der Platz der Mainzer Republik mit der römischen **Jupitersäule.** Bis 2013 hieß er Deutschhausplatz und markierte mit seinem Namen den hier gelegenen **Sitz des rheinland-pfälzischen Parlamentes**, des Deutschhauses.

Der Name **Deutschhaus** verweist auf den im Mittelalter gegründeten **Deutschen Orden**, der wie die Templer dem Pilger auf der Reise ins Heilige Land Schutz bot. Zu diesem Zweck unterhielt er sogenannte Kommenden, in denen durchreisende Angehörige des Ordens übernachten konnten – auch in Mainz. An der Spitze des Ordens steht der Hochmeister, zu dem 1694 der spätere Mainzer Kurfürst und Erzbischof **Franz Ludwig von Pfalz-Neuburg** (1664–1732) ernannt wurde. Als repräsentative Residenz für den Orden ließ er gegenüber dem Kurfürstlichen Schloss 22, dem angestammten Bischofssitz, einen barocken Prachtbau erstellen. Namhafte Stuckateure und Freskomaler schmückten sein Inneres und Äußeres. Ein Hochmeister aber regierte

Jupitersäule

Erinnerungen an das römische Mainz weckt die gut neun Meter hohe Jupitersäule auf dem Platz der Mainzer Republik – oder genau genommen ihre Nachbildung aus Kunststein. Anfang des 20. Jahrhunderts hatten Archäologen bei Ausgrabungen in der Mainzer Neustadt viele Hundert Teile der Säule gefunden und sie in mühevoller Arbeit wieder zusammengesetzt. Das Ergebnis ihrer Puzzlearbeit findet sich heute im Landesmuseum Mainz 18, ist zurzeit aber wegen Forschungs- und Renovierungsarbeiten nicht ausgestellt.

Die im ersten Jahrhundert in Mainz aufgestellte Säule zeigt neben Jupiter, dem höchsten Gott der römischen Staatsreligion, 27 weitere römische und keltische Gottheiten wie Merkur, Neptun, Diana, Apollo, Herkules, Bacchus, den Sonnengott Sol und die Mondgöttin Luna. Ursprünglich krönte eine mehr als drei Meter hohe, goldbronzene Jupiterstatue die Säule, von der allerdings nur noch ein Fuß, ein Blitzkeil, ein Finger und einige andere Reste vorhanden sind. Die Aufstellung solcher Säulen im Römischen Reich war nicht ungewöhnlich, in dieser Größe aber selten. Sie waren steinerne Ehrenbeweise für Jupiter. Unklar ist, wann die Säule zerstört wurde. Manche Forscher meinen, christlich gewordene Germanen hätten sie in der Völkerwanderungszeit umgestürzt und zerschlagen.

046mz Abb.: gs

hier nie, da sein Bauherr bei der Fertigstellung des Prunkpalastes anno 1740 schon lange gestorben war.

Dafür residierten andere gern im Deutschhaus. **Kaiser Napoleon** zum Beispiel, der hier am Rhein mindestens zehnmal in seinem „Palais imperial" wohnte, und auch der **Rheinisch-Deutsche Nationalkonvent** hatte 1793 hier seinen Sitz. Er war das gesetzgebende Organ der Mainzer Republik, eines nur ein paar Monate währenden Freistaates, den die französischen Besatzer damals in Zusammenarbeit mit den radikalen Anhängern der Jakobiner eingerichtet hatten. Manche Historiker wollen deshalb in der Mainzer Republik das erste Parlament auf deutschem Boden sehen. Nach der Gründung des **Großherzogtums Hessen-Darmstadt,** das Mainz zur Hauptstadt der neuen Provinz Rheinhessen machte, wurde das Deutschhaus Zweitresidenz des neuen Großherzogs, der von Darmstadt aus regierte.

1842 diente das Deutschhaus als Ort der ersten großen deutschen **Industrieausstellung.** 720 Aussteller aus 21 deutschen Staaten zeigten hier ihre Produkte – von aktueller Mode bis zu kraftstrotzenden Lokomotiven. 1918, nach Ende des Ersten Weltkriegs, bezogen erneut Franzosen das vornehme Palais, die hier auch 1930 vor ihrem Abzug vom Rhein noch ein großes Abschiedsdinner gaben. 1945 wurde das Deutschhaus beim letzten großen Luftangriff auf die Stadt total zerstört, direkt nach dem Krieg aber rasch wieder aufgebaut. Seit Anfang der 1950er-Jahre ist es Sitz des rheinland-pfälzischen Landesparlaments. Zurzeit tagt der rheinland-pfälzische Landtag allerdings im **Landesmuseum** ⓲, weil das Deutschhaus bis zum Ende des Jahrzehnts für gut 50 Millionen Euro von Grund auf saniert wird.

An das Deutschhaus schließt sich südlich das sogenannte **Neue Zeughaus** an. Unübersehbar ist der prächtige Dreiecksgiebel mit dem Kriegs-

⌃ *Das Neue Zeughaus ist der Amtssitz der rheinland-pfälzischen Ministerpräsidentin*

gott Mars auf der Rheinseite. Das Gebäude wurde zur gleichen Zeit wie das benachbarte Deutschhaus errichtet und diente eine Zeit lang als Waffenlager der Kurfürsten, deren Truppen auf dem benachbarten Schlossplatz exerzierten. Große Türen führten direkt zum Rhein, an dessen Kai Schiffe zum Transport von Munition und Waffen anlegen konnten. Seit 1960 residiert der Regierungschef des Landes Rheinland-Pfalz im Neuen Zeughaus und mit Malu Dreyer erstmals eine Ministerpräsidentin. Im Festsaal finden Staatsempfänge statt, im sogenannten Stresemann-Saal tagt gewöhnlich das Kabinett.

Neben dem Neuen findet sich das **Alte Zeughaus.** Es wurde Anfang des 17. Jahrhunderts an der Stelle eines kurfürstlichen Schweinestalles errichtet, weshalb das Haus früher auch unter dem Namen „Zum Sautanz" bekannt war. Auch hier wurden anfangs Waffen gelagert. Nach kriegsbedingter Zerstörung und Wiederaufbau diente das Haus mit seinem weiten Innenhof ab den 1950er-Jahren lange Zeit als Hörfunk- und Fernsehstudio, ehe es schließlich Landtag und Staatskanzlei nutzten.

18 Landesmuseum Mainz ★★★ [D3]

Auf dem Dach sitzt ein goldenes Ross, in den Sälen darunter befinden sich einige der gewichtigsten Kunstschätze der Stadt: von Schmuckstücken aus der Altsteinzeit bis zu Gemälden der Moderne. In den letzten Jahren gründlich renoviert und wissenschaftlich auf den neuesten Stand gebracht, präsentiert sich das Landesmuseum Mainz heute als barrierefreier, zeitgenössischer Musentempel mit Cafeteria und gut sortiertem Museumsshop. Die wichtigsten Ausstellungsstücke werden durch Audioführungen erläutert, die es gleich in mehreren Varianten gibt: für stadtgeschichtlich Interessierte ebenso wie für Kinder.

Heimstatt des Landesmuseums Mainz ist die **Golden Roß Kaserne,** ein barocker Marstall, in dem einst die Pferde der Kurfürsten untergebracht waren. Heute ist das Ross auf dem Dach, dem das Haus seinen Namen verdankt, allerdings nicht mehr wie früher aus Kupfer, sondern aus vergoldetem Aluminium. 1937 eröffnete das Städtische Altertumsmuseum in dem ehemaligen Kasernengebäude ein Haus der Kunst. 1967 übernahm das Land die nun „Mittelrheinisches Landesmuseum" und seit 1986 „Landesmuseum" genannte Kunstsammlung.

Funde aus der **Alt- und Jungsteinzeit** sowie Helme, Schilde, Schwerter und Dolche aus der **Bronzezeit** gehören zu den bedeutendsten Ausstellungsstücken und geben Zeugnis von der schon damals dichten Besiedlung der Region. Zu den ältesten Prachtstücken gehört ein 1951 bei Ausgrabungen in Wallertheim entdeckter Hund aus Glas, der aus dem 2. Jahrhundert vor Christus stammt. „Kelti" nennen sie ihn in Mainz.

Interessant sind auch die Hinterlassenschaften aus der **Römerzeit,** die im Foyer der Steinhalle präsentiert werden. Sie gehören zu einer der größten Sammlungen römischer Steindenkmäler nördlich der Alpen. Bis Ende des Jahrzehnts wird die Steinhalle des Landesmuseums allerdings auch dem **rheinland-pfälzischen Landtag** als Sitzungsraum dienen, so lange wie das eigentliche Parlamentsgebäude grundlegend saniert wird.

Ein eigener Raum ist dem sogenannten **Fürsten von Planig** gewidmet, einem Anfang des 6. Jahrhunderts ums Leben gekommenen merowingischen Krieger, dessen Grab man rekonstruiert hat – samt aller Beigaben wie Spangenhelm und Schwert. Von **Karolingern** und **Ottonen** künden frühmittelalterliche Fibeln aus Blei und Zinn und goldene, mit Edelsteinen besetzte Ohrringe. **Religiöse Pracht** verströmt eine ganz aus Elfenbein geschnitzte Muttergottes. Filigrane Kapitelle und der Rest eines Thrones erinnern an die prunkvollen Bauten der **Karolingerzeit.**

Obwohl ein Großteil des mittelalterlichen Mainz durch Kriege, Belagerungen und barocke Neugestaltung der Stadt verloren ging, vermittelt das Landesmuseum noch immer einen kleinen Eindruck vom **„goldenen Mainz“**, der wirtschaftlichen und politischen Metropole. Dazu gehört vor allem der Zinnenschmuck des alten Kaufhauses Am Brand mit dem König und seinen Kurfürsten in zeitgenössischer Rüstung und auch der heilige Martin, eine Steinmetzarbeit von 1317, hatte einst dort seinen Platz. Versteinert grüßt ein mittelalterliches Liebespaar, das die Mainzer besonders ins Herz geschlossen haben, und auch die gotischen Figuren vom Portal der alten Liebfrauenkirche, die „Verdammten und Seligen des Jüngsten Gerichts“, gehören zu den Publikumslieblingen.

Besonders stolz ist Mainz auf die spätmittelalterlichen und frühneuzeitlichen Tafelgemälde, die Szenen aus der Bibel zeigen oder Heiligenlegenden illustrieren. Internationalen Ruf genießt ein **neunteiliger Marienzyklus**, der wertvolle Rückschlüsse auf Leben und Alltag um das Jahr 1500 zulässt. Und auch eine Kopie des berühmten Dürer-Gemäldes **„Adam und Eva“** nennt Mainz sein Eigen. Bis 1801 hingen die Bilder im Nürnberger Ratssaal, wo sie französische Soldaten nach Paris mitnahmen. 1803 machte Napoleon, der im damals französischen Mayence die Gründung eines öffentlichen Museums fördern wollte, die Gemälde den Mainzern zum Geschenk.

Nicht zu kurz kommt auch die **niederländische Malerei des 17. Jahrhunderts** mit ihren Landschaftsbil-

047mz Abb.: gs

⊡ *Ein Ross über dem Eingang zum Landesmuseum erinnert daran, dass hier einmal die Pferde des Kurfürsten untergebracht waren*

dern und Stillleben. Barocke Opulenz verströmen **Möbel** und großformatige Gemälde, die adlige Herren beim Plausch mit gepuderten Damen zeigen, die turmhohe Frisuren tragen. Wertvolles **Porzellan** aus der kurfürstlichen Manufaktur Höchst dokumentiert den Zeitgeist des Rokoko. Große und kleine Figuren spiegeln die Welt wider, zeigen amouröse Fangspiele, Trachtenträger oder Musikanten. Da weiß man gar nicht, wohin man zuerst schauen soll. Besonders prächtig residiert der chinesische Kaiser unter einem Baldachin und mit einem Hündchen zu Füßen.

Gemälde und Aquarelle künden von beginnender **Rheinromantik** und einsetzendem Tourismus, vom Zeitalter des **Biedermeier** und seiner scheinbar heilen Welt. Puppenstuben stehen jetzt im Wohnzimmer neben der Standuhr, über dem großen Sofa hängen Familienbilder und Porträts der Vorfahren. Wer will, kann die Figuren eines Papiertheaters verschieben, wie es Anfang des 19. Jahrhunderts in Mode kam. Damals fertigten Firmen wie der Mainzer Verlag Scholz große Bilderbögen zum Ausschneiden der Figuren. Jetzt konnte man seinen „Faust", „Wilhelm Tell", „Romeo und Julia", „Die Zauberflöte", „Fidelio" oder „Zar und Zimmermann" mit den eigenen Papierfiguren zu Hause nachspielen.

Das angeschlossene **Museumscafé** (geöffnet Di. 11–18, Mi.–So. 11–16.30 Uhr) serviert hausgemachte Stullen genauso wie Kaffee und Kuchen.

Mit **impressionistischen Landschaftsbildern** von Max Slevogt und anderen nähert sich der Besucher auf seinem Museumsrundgang der **Moderne.** Ins Auge fällt eine Sitzgruppe des Schreinermeisters Michael Thonet, der mit gebogenen Hölzern die Möblierung revolutionierte. Tische und Stühle zum Zusammenschrauben lieferte er in alle Welt – mehr als hundert Jahre vor Ikea. Pflanzenornamente bestimmen den **Jugendstil**, den das Museum mit einer eindrucksvollen Sammlung von **Vasen** des Glaskünstlers Emile Gallé und Lampen des Amerikaners Louis Comfort Tiffany dokumentiert. Farben und Formen, die ein ganz neues Lebensgefühl verkörperten.

Von 1908 stammt der berühmte „Frauenkopf" von Picasso, eine Gouache auf Papier aus der Anfangsphase des Kubismus. Internationale Aufmerksamkeit genießt auch Max Beckmanns Bild „Vor dem Kostümfest" von 1945. **Kunst der Gegenwart** schließlich dokumentieren großformatige Werke von Friedemann Hahn oder Sigmar Polke ebenso wie das „Übermalte Kreuz mit Christuskopf" des Österreichers Arnulf Rainer. In der sogenannten **Medienbox** wird in

EXTRATIPP

Museumspass spart Eintrittsgeld

Landesmuseum Mainz 18, Bischöfliches Dom- und Diözesanmuseum 2, Gutenberg-Museum 4 und Naturhistorisches Museum 19 gehören der Vereinigung Museums-PASS-Musées an. In ihr sind 320 wichtige Museen der Grenzegion von Südwestdeutschland, Nordostfrankreich und der Schweiz zusammengeschlossen. Der Pass, der an den Museumskassen erhältlich ist, kostet 108 € und ermöglicht ein Jahr lang „freien" Eintritt in die angeschlossenen Museen. Er muss mit einem Passbild versehen sein.

› www.museumspass.com

regelmäßigem Wechsel zeitgenössische Videokunst präsentiert.

Museumsdidaktisch ist man im Landesmuseum Mainz auf der Höhe der Zeit und man soll gelegentlich auch hinfassen, reinhören und riechen. Sogenannte Hands-on-Exponate gehören zur Ausstellungskonzeption. So können Besucher an Textilresten den Unterschied zwischen Leinen, Wolle und Seide ertasten – und vor den Darstellungen der Heiligen Drei Könige stehen Gefäße mit Gold, Weihrauch und Myrrhe, kann jeder riechen, wie es einst an der Krippe geduftet haben könnte.

› Große Bleiche 49–51, Tel. 06131 28570, www.landesmuseum-mainz.de, Di. 10–20, Mi.–So. 10–17 Uhr, 6 € (Sonderausstellungen haben eigene Preise). Häufig finden Themenführungen statt – auch für Kinder. Das Haus ist komplett barrierefrei!

19 Naturhistorisches Museum ★★ [D3]

Im ehemaligen **Reichklarenkloster**, vom dem heute nur noch die Kirche erhalten ist, findet sich das Naturhistorische Museum Mainz. Es ist das **größte Naturkundemuseum in Rheinland-Pfalz.** Wo im Mittelalter gebetet und gesungen wurde, sind heute Tausende präparierter Tiere und Pflanzen ausgestellt. Weltweit bekannt ist das Museum für seine drei **Quaggas**, eine ausgestorbene Zebraart.

Die Klosterkirche, in der ein Großteil des Museums heute untergebracht ist, stammt aus der Zeit um 1300 und gehörte zu einer größeren Klosteranlage, die 1781 aufgehoben wurde. Die französischen Besatzer nutzten das Areal später als Militärbäckerei und speicherten in der Kirche Mehl und andere Zutaten. Nachdem schon in den Jahren 1670 und 1720 an der Kirche größere bauliche Veränderungen stattfanden, wurde ab 1831 der Innenraum des Kirchengebäudes grundlegend umgestaltet, Seitenschiff und Kirchturm wurden abgerissen. Nachdem die ehemalige Klosteranlage 1903 in den Besitz der Stadt übergegangen war, erfolgte schließlich ihr Ausbau zum Naturhistorischen Museum.

Blickfang vor dem Museum ist eine überdimensionierte **Sanduhr.** Der computergesteuerte Zeitmesser zählt mit einer Höhe von 6,45 Metern und einem Gewicht von 3,5 Tonnen zu den größten und genausten Uhren dieser Art weltweit. Die beiden mit Granulat gefüllten Glasbehälter mit einem Volumen von je 320 Litern drehen sich im Stundentakt und erhalten ihre Impulse von der Atomuhr der Physikalisch-Technischen Bundesanstalt in Braunschweig.

Rund 1,5 Millionen Originalobjekte nennt die Landessammlung für Naturkunde Rheinland-Pfalz heute ihr Eigen und jährlich kommen neue hinzu. Einmalige Fossilien aus der Vorzeit kann man hier besichtigen, Millionen Jahre alte Pflanzen und Tiere. Steinerne Zeugen aus Zeiten, in denen es noch keine Menschen gab. So zeichnet das Museum die **Entwicklungsgeschichte der Region** nach und verrät außerdem, wie sich in Hundert Millionen Jahren ein tropisches Meer in eine Wüstenlandschaft mit Seen verwandelte und wiederum Millionen Jahre später in einen Regenwald mit Meereslandschaften, in denen Haie und Seekühe zu Hause waren – Klimawandel anno dunnemals!

Kern der Ausstellung aber sind die vielen **präparierten Tier- und Pflanzenarten**, von denen viele schon ausgestorben sind. Zu den Sehenswürdigkeiten gehören ein Beutelwolf, ein Java-Nashorn und ein Fingertier. Unbestrittene Stars aber sind drei südafrikanische Quaggas: eine ausgestorbene Zebraart. Weltweit gibt es nur knapp zwei Dutzend dieser präparierten Exemplare, die meisten davon in Mainz: ein Fohlen, eine Stute und ein Hengst.

Lohnenswert ist auch ein Blick in die **Flora und Fauna von heute.** So werden präparierte Säugetiere und Vögel vom Auerhuhn bis zum Zwergsäger in nachgebildeten Lebensräumen wie Wäldern oder Feldern gezeigt und der aufmerksame Betrachter lernt Pflanzen und Tiere kennen, die er sonst gewöhnlich kaum noch zu Gesicht bekommt. So gesehen ist die Stippvisite im Naturhistorischen Museum für die meisten Besucher eine Neuentdeckung unserer Welt, die das Bewusstsein für einen verantwortungsvollen Umgang mit der Schöpfung stärkt. „Die Natur“, hat ein Gast nach dem Museumsrundgang auf einen Zettel geschrieben, „kann ohne Menschen leben, aber der Mensch nicht ohne Natur. Das sollte man nie vergessen!“ Für Eltern mit Kindern, die in der Welt von morgen die Weichen fürs nächste Jahrhundert zu stellen haben, ist das Naturhistorische Museum deshalb immer einen Besuch wert! Für die Jüngsten gibt es im Museumsshop zudem einen eigenen reich illustrierten Museumsführer.

› Reichklarastr. 10, Tel. 06131 122646, www.mainz.de/nhm, Di. 10–20, Mi. 10–14, Do.–So. 10–17 Uhr, Eintritt: 4,50 € (Familientageskarte 12,50 €), häufig Sonderausstellungen und Aktionen

20 Peterskirche ★★★ [D3]

Früher lag die Pfarrkirche Sankt Peter am Rand, heute inmitten der Stadt. Ein prachtvoll renoviertes Rokokoschmuckstück und sicher eines der schönsten Mainzer Gotteshäuser. Seine Silhouette mit den 1962

048mz Abb.: gs

rekonstruierten Turmhauben prägt das Stadtbild. Im Krieg total zerstört wurde die Kirche in den letzten Jahrzehnten im barocken Geist neu beseelt. Altes mischt sich jetzt mit Neuem, Originale mit Kopien.

Sankt Peter mit seiner charakteristischen **Doppelturmfassade** wurde Mitte des 18. Jahrhunderts errichtet. Prunk prägte das Innere der Stiftskirche, die im Zug der Säkularisation aufgehoben wurde. Ab 1814 diente sie den in Mainz stationierten preußischen Truppen als Garnisonskirche, erst ein gutes Jahrhundert später wurde sie Pfarrkirche. Im Zweiten Weltkrieg fiel sie zu großen Teilen den Bombenangriffen der Alliierten zum Opfer. Jahrzehnte dauerte der Wiederaufbau, der erst Ende der 1980er-Jahre mit der Renovierung der alten Barockaltäre, der großen Kanzel und der Deckenfresken abgeschlossen war.

Seitdem glänzt die Kirche wieder und die **Fresken** an der Decke erzählen aus dem Leben des Kirchenpatrons. Neben den Deckengemälden fallen die fünf **Altäre** ins Auge. Sie sind – von links nach rechts – dem Herzen Jesu, dem Kreuz Christi, dem Kirchenpatron Petrus (Hauptaltar im Chor), Maria und dem heiligen Nikolaus gewidmet. Es sind barocke Schmuckstücke, die vom Hofschreiner Franz Anton Hermann stammen sollen, dem Mainz auch das einmalige Gestühl im Westchor des Doms ❶ verdankt. Besondere Aufmerksamkeit verdient der **schwarze Christus am Kreuzaltar**, den Experten dem bekannten Hofbildhauer Hans Backoffen aus dem 16. Jahrhundert zuschreiben.

Den modernen Altar schuf der Pfälzer Künstler **Gernot Rumpf.** Er nahm das Wort aus dem Markusevangelium (Jesus zu den Aposteln: „Kommt her, ich werde euch zu Menschenfischern machen!") wörtlich und packte ein Netz mit bronzenen Fischen, die menschliche Gesichter haben, unter den Altar. Einem setzte die Pfälzer Frohnatur gar eine Narrenkappe auf.

› Petersstr. 3, 55116 Mainz, Tel. 06131 222035, www.sankt-peter-mainz.de, tgl. 9–18, im Winter bis 17 Uhr, Gottesdienste: Mi., Sa. 18, So. 9.30 und 11.30 Uhr

㉑ Christuskirche ★ [C2]

Mitten auf der Kaiserstraße thront unübersehbar die 1903 vollendete Christuskirche. Sie ist das **größte evangelische Gotteshaus der Stadt** und wurde vor mehr als 100 Jahren an der Naht zwischen Alt- und Neustadt als sichtbares Zeichen für das gewachsene Selbstbewusstsein der Protestanten in der bis dahin mehrheitlich katholischen Stadt errichtet – als evangelisches Pendant zum Dom sozusagen.

Die Entwürfe für das Gotteshaus hatte der Mainzer Stadtbaumeister Eduard Kreysig geliefert. Nach ihrer Zerstörung im Zweiten Weltkrieg wurde die Christuskirche im alten Stil wieder aufgebaut. Innen beeindruckt sie vor allem durch ihre **Größe** und **Akustik**, was der **Bachchor** und das **Bachorchester** Mainz zu schätzen wissen, die hier häufig Konzerte geben. Auch Brautpaare schließen in der Christuskirche gern den Bund fürs Leben.

Im **Turm**, der nach vorheriger Absprache von August bis Februar be-

‹ Die barocke Peterskirche ist eines der schönsten Mainzer Gotteshäuser

stiegen werden kann (Eintritt: 3 €), hausen heute Turmfalken, die im Frühjahr dort auch brüten. Kirchliche Melodien erklingen im Rahmen des täglichen **Glockenspiels** (gewöhnlich 7.45, 12 und 18 Uhr). Die gut zwei Dutzend Glocken wurden der Kirchengemeinde von der Stadt Mainz nach Beendigung der Wiederaufbauarbeiten 1954 zur Einweihung des Gotteshauses gestiftet. Den **Brunnen** vor der Kirche, einen der größten in Mainz, spendete ein Mainzer Fabrikant.

› Kaiserstr. 56, Tel. 06131 234677, www.christuskirche-mainz.de, Di.-Do., Sa. 9-18, Fr. 12-18, So./Mo. 11-18 Uhr, Gottesdienste: sonntagvormittags

22 Kurfürstliches Schloss ★ [D2]

Als närrische Versammlungsstätte hat sich das ehemalige Kurfürstliche Schloss längst einen Namen gemacht. Aus seinem größten Saal wird jährlich die Fernsehsitzung „Mainz bleibt Mainz, wie es singt und lacht" übertragen. Der dreigeschossige Sandsteinbau am Rhein gehört noch immer zu den Wahrzeichen der Stadt. An der Stelle des Schlosses stand einst die Martinsburg. Sie war der Bischofssitz Dieter von Isenburgs. Bis dahin hatten die Kirchenfürsten direkt gegenüber dem Dom residiert. 1627 wurde mit dem Bau des Kurfürstlichen Schlosses begonnen, der erst mehr als einhundert Jahre später abgeschlossen war. Mit dem Ende des Mainzer Kurfürstentums aber verschwand auch die Pracht des Schlosses.

Das Kurfürstliche Schloss, einst Wohnstatt der Kurfürsten

Zeitweise diente der Bau als Lazarett, Kaserne oder Lagerhalle, ja sogar als Gerichtssaal. So wurde dem Räuberhauptmann Johannes Bückler, im Volksmund **Schinderhannes** genannt, hier der Prozess gemacht. 1827 ging das Schloss in städtischen Besitz über. Anfang des 20. Jahrhunderts wurde es gründlich restauriert und 1942 zerstörte ein Luftangriff der Alliierten das Schloss samt seiner Deckengemälde. Es blieben nur die Außenmauern und einige Treppen übrig.

Schon 1950 aber zeigte sich das alte Bauwerk – zumindest äußerlich – in neuem Glanz. Inzwischen ist wieder eine Sanierung der vom Verfall bedrohten Fassade nötig, die teilweise auch schon begonnen hat.

Der Lumpenhund, der Galgenstrick

Im Oktober 1803 war der Akademiesaal des Kurfürstlichen Schlosses Schauplatz eines der größten Prozesse in der Mainzer Kriminalgeschichte. Wo heute die Narren singen und lachen, machten die damals in Mainz regierenden Franzosen dem ***Räuberhauptmann Schinderhannes****, der mit richtigem Namen Johannes Bückler hieß, und mehreren Dutzend seiner Spießgesellen den Prozess. Große Resonanz fand die Gerichtsverhandlung in der Öffentlichkeit, denn Schinderhannes, der wie die anderen Angeklagten in großen Ketten vorgeführt wurde, genoss bei vielen Mainzern Sympathien. „Darf nicht selbst das Herz des Richters noch für den Verworfenen fühlen, wenn ihn auch seine Zun-*

049mz Abb.: gs

ge mit der Sprache des Gesetzes verdammt", artikulierten die Gerichtsreporter des Volkes Meinung. Ausführlichst berichteten sie von einem „Mann der Ehre", der seine Taten nicht leugnete und auch seine Mitangeklagten im großen Schlosssaal ermunterte, die Wahrheit zu sagen. Besonders rührend war, wie sich der Gangster um seine Geliebte und ihr im Gefängnis geborenes, gemeinsames Kind kümmerte. Außerdem bot er dem französischen Richter in einem Gnadengesuch an, als Soldat im Dienste Frankreichs gegen England zu kämpfen und sich so als nützlicher Helfer der Gesellschaft zu erweisen.

Angesichts des Leides aber, die Schinderhannes' Taten über die Region gebracht hatten, konnte der Richter gegen den Gangster, dem man mehr als hundert Straftaten – meist Diebstähle, Erpressungen und Raubüberfälle – zur Last gelegt hatte, nur die Todesstrafe verhängen. Entsprechend wurde er am 21.November 1803 vor geschätzten 30.000 Schaulustigen zusammen mit 19 Gefolgsleuten mit dem ***Fallbeil*** *vor den Mainzer Stadttoren enthauptet. Noch auf dem Schafott erwies er sich als Anführer, als er die moralische Verantwortung für sein Tun übernahm. „Ich sterbe gerecht, aber zehn meiner Kameraden verloren das Leben unschuldig", sollen seine letzten Worte gewesen sein.*

Schon während seiner Lebzeiten hatte die Legendenbildung eingesetzt und erfundene Biografien stilisierten den Räuber zum ***„Robin Hood vom Hunsrück"****. 1927 beleuchtete Carl Zuckmayer in einem Schauspiel Bücklers Leben. Im Schinderhannes-Lied kleidete er das Gangsterleben in eine griffige Kurzformel: „Das ist der Schinderhannes, der Lumpenhund, der Galgenstrick. Der Schrecken jedes Mannes. Und auch der Weiber Stück …"*

23 Rheinufer-promenade ★★★ [E4]

Studenten und Jugendliche haben das Rheinufer längst zu ihrem Lieblingsplatz erkoren. An lauen Sommertagen, vor allem am Wochenende, treffen sich die jungen Leute entlang der Uferpromenade, sitzen auf den Treppen zum Fluss oder aalen sich auf den wenigen Grünflächen in der Sonne. Vom Drang zum Rhein profitieren auch die **Gastronomen** – vom Biergarten bis zum Gourmetrestaurant gibt es hier alles. Ein **künstlicher Rheinstrand** mit Liegestühlen, Hängematten und Beachvolleyballfeld versetzt Mainz im Sommer ans Mittelmeer.

Die Rheinuferpromenade beginnt im Süden gegenüber der Mainmündung gleich neben der **Alten Eisenbahnbrücke.** Sie wurde 1862 in Betrieb genommen und galt mit mehr als einem Kilometer Weite einmal als die längste Brücke Deutschlands. Ganz in Schmiedeeisen war der Oberbau, der damals Ingenieure aus aller Welt zur Inspiration nach Mainz lockte. 1870/71 wurde der Rheinübergang zweigleisig. Im März 1945 sprengten ihn – wie zum Kriegsende viele Brücken – deutsche Pioniere in die Luft. Sie waren im irrigen Glauben, so den Vormarsch der Alliierten stoppen zu können. Schon 1949 aber war die Brücke wieder befahrbar, die inzwischen einer Generalsanierung unterzogen wurde.

Anfangs führt die Uferpromenade am **Winterhafen** entlang, einem kleinen Sportboothafen. Auf dem Weg zum Hyatt-Hotel (s. S. 132) quert man eine unter Denkmalschutz stehende aufwändig sanierte Drehbrücke. Sie wurde 1877 errichtet und gilt als eine der ältesten ihrer Art in Deutschland. Auf der benachbarten Mole gibt es einen kleinen Biergarten. Auf dem weiteren Weg kommt der Promenadenbummler an Resten ehemaliger **Festungsmauern** und ihrer Tore vorbei. Vor dem Rathaus 25 finden sich die **Anlegestellen der Passagierschiffe,** die regelmäßig auf dem Rhein unterwegs sind. Vor der Nordfront des Hilton-Hotels fällt ein **Brunnen** ins Auge, den zur Stadtseite hin der sogenannte Mainzer Kurfürstenzyklus begrenzt. Dabei handelt es sich um die Nachbildung (die Originale finden sich im Landesmuseum Mainz 18) einer Figurengruppe, die ab dem frühen 14. Jahrhundert das

Das Mainzer Rheinufer zeigt sich von der Maaraue als Postkarten-Idyll

051mz Abb.: gs

Kaufhaus Am Brand zierte. Sie zeigt von links nach rechts König Ludwig den Bayern, die Erzbischöfe von Mainz, Köln und Trier, den König von Böhmen, den Pfalzgrafen bei Rhein, den Herzog von Sachsen und den Markgrafen von Brandenburg. Sie waren die einst mächtigsten Männer Deutschlands, die gemeinsam den König wählten.

Unter der eisernen **Theodor-Heuss-Brücke** ㉔ hindurch führt die meist von Platanen gesäumte **Uferpromenade** schnurgerade zum Zollhafen. Hin und wieder säumen die Reste und Rekonstruktionen alter Stadttore den Weg und mindestens einmal monatlich ist die Uferpromenade vom Frühjahr bis zum Spätherbst Veranstaltungsort eines **Flohmarkts**, der in Mainz Krempelmarkt heißt.

Promenadenbummler können ab sofort auch bequem durch das ehemalige Zollhafengelände weiter Richtung Norden bis zur **Kaiserbrücke** gehen – quer durch ein ganz neues Stadtviertel. Rund um das alte Hafenbecken sind luxuriöse Wohnungen und Büros entweder entstanden oder im Entstehen, die Mainz maritimen Glanz verleihen sollen. In einigen Neubauten haben sich Start-up-Unternehmen und moderne Dienstleister eingemietet, in anderen entstanden hochpreisige Eigentumswohnungen.

EXTRATIPP

Drei-Brücken-Weg

Jogger lieben ihn ebenso wie Fahrradfahrer oder Spaziergänger: den sogenannten Drei-Brücken-Weg. Mit **knapp acht Kilometern** führt er fast immer an Rhein und Main entlang. Abgesehen von ein paar Brückenanstiegen ist der Weg immer **ebenerdig** und so für jeden geeignet. Der Drei-Brücken-Weg führt am Mainzer Rheinufer entlang über die Theodor-Heuss-Brücke ㉔ und die Kasteler Maaraue bis nach Kostheim. Dort geht es über den Main und über die alte Eisenbahnbrücke wieder zurück ans Mainzer Ufer. Hungern oder verdursten muss niemand unterwegs, denn vor allem im Sommer gibt es immer wieder **Möglichkeiten zur Einkehr**.

KLEINE PAUSE

Rast im Festungsbau

Direkt am Rheinufer trifft man immer wieder auf Reste der alten Stadtbefestigung. So wie am Ostende des Feldbergplatzes, wo sich in den meterdicken Gemäuern ein Bistro eingenistet hat. Einfache Speisen und Getränke gibt es dort – außerdem einen Eindruck davon, wie einst die Soldaten in den unverputzten Räumen der sogenannten Kaponniere gehaust haben müssen.

Im Winter ist das ganz nett, im Sommer sitzt man besser draußen mit unverstelltem Blick auf den Rhein.

3 [C1] **Caponniere,** Taunusstr. 44, Tel. 06131 2103211, tgl. 12–22.30 Uhr (im Winter am Wochenende ab 14, werktags ab 16.30 Uhr)

081mz Abb.: gs

ORIGINALTON

Sonntagsspaziergang anno 1817

„Unter den öffentlichen Sommervergnügungen setze ich die schönen Spaziergänge obenan. Dahin rechne ich vorzüglich die Alleen rund um die Stadt, worunter die große längs dem Ufer des Rheins gegen Norden die schönste ist. In diesem Gange sieht man an Sonntagen ganz Mainz in seinem vollen Glanze. Da schwebet alles in dem buntesten Gemische auf und nieder. Dort kommt ein Ehemann mit seinem Weibchen angestiegen, da treibt ein lustiger Jurist im Zirkel einiger Dulzineen sein Wesen, dort führt ein Philister sein Mädchen am Arm spazieren, und da hinkt ein Bettler an der Krücke daher ..."

Der deutsche Schriftsteller Jean Paul 1817 über die Sonntagsbummler am Rheinufer

Die Theodor-Heuss-Brücke führt über den Rhein in die ehemaligen rechtsrheinischen Mainzer Stadtteile

24 Theodor-Heuss-Brücke (Rheinbrücke) ★ [E2]

Rund 500 Meter weit spannt sich die Theodor-Heuss-Brücke über den Rhein: eine klassische Bogenbrücke und bis zum Bau der beiden Autobahnbrücken im Norden und Süden der Stadt auch die einzige Mainzer Brücke, die von Autos passiert werden konnte. 1885 war sie nach mehrjähriger Bauzeit fertig geworden.

Erstmals hatten die **Römer** einen festen Übergang über den Rhein geschlagen. Eine hölzerne Brücke, auf deren Pfeilern Karl der Große eine weitere Brücke bauen ließ, die jedoch schon bald nach ihrer Fertigstellung niederbrannte. Ab 1661 gab es eine mobile Schiffsbrücke: 50 Holzkähne, die je nach Bedarf auseinander- oder zusammengeschoben wurden.

Vor allem das in harten Wintern früher übliche Eis, das sich an festen Brückenpfeilern gefährlich hoch stauen konnte, schreckte Jahrhunderte lang potenzielle Brückenbauer ab. 1885 hatte die Stadt aber wieder eine feste Straßenbrücke. Ihr Planer war der Architekt **Friedrich von Thiersch**, dem die Region mit dem Wiesbadener Kurhaus und der Frankfurter Festhalle zwei weitere Sehenswürdigkeiten verdankt.

Finanziert wurde der Rheinübergang mit einem Brückengeld. So musste anfangs jeder Fußgänger für die Nutzung der Brücke 4 Pfennig zahlen, 5 Pfennig jeder Fahrgast der Pferdebahn. Erst 1912 wurde das Brückengeld endgültig abgeschafft.

Im März 1945 sprengten deutsche Pioniere das Bauwerk. Doch schon im Mai 1950 war der neue Übergang fertig, den der damalige Bundespräsident **Theodor Heuss** einweihte. Seitdem trägt das Bauwerk seinen Namen. In den 1990er-Jahren wurde die Brücke für fast 140 Millionen D-Mark generalsaniert, alle Stahlbögen ausgetauscht und die Fahrbahnplatten erneuert. Außerdem versuchte man, bei der Neugestaltung die alte Schönheit der Lampen und Geländer wieder herzustellen.

Die Brücke ist die wichtigste Verbindung in die rechtsrheinischen ehemaligen Mainzer Stadtteile und wie auf vielen Flussübergängen Europas zieren inzwischen auch die Geländer der Mainzer Brücke sogenannte **Liebesschlösser,** mit denen sich junge Leute ewige Treue schwören, indem sie die Schlösser an das Brückengeländer ketten und die passenden Schlüssel symbolisch in den Rhein werfen.

Unter dem rechtsrheinischen Brückenkopf findet sich übrigens eine sehenswerte Graffiti-Galerie (s. S. 68)

25 Rathaus ★ [E4]

Der unter **Denkmalschutz** stehende weiße Zweckbau am Rheinufer mit seinen vergitterten Fenstern erinnert viele Betrachter eher an ein modernes Gefängnis als an ein bürgernahes Verwaltungsgebäude. Zusammen mit der angrenzenden **Rheingoldhalle** (s. S. 94), dem **Einkaufszentrum Am Brand** (s. S. 99) und dem **Hilton-Hotel** (s. S. 132) repräsentiert es das Mainz der 1960er- und 1970er-Jahre, als Sparen noch ein Fremdwort war.

Jahrhundertelang hatte die Stadt kein richtiges Rathaus und die Bürger wurden mal von hier, mal von da aus verwaltet. Mit dem Neubau am Rheinufer wollte man erstmals eine dauerhafte Anlaufstelle für alle Bürger schaffen und einen repräsentativen Amtssitz für den Bürgermeister. **Jockel Fuchs** hieß der damals, weshalb die Mainzer ihr Rathaus scherzhaft auch „Fuchsbau" nennen.

Für seine Gestaltung gewann man den dänischen Stararchitekten **Arne Jacobsen** (1902–1971), der den eher schlicht wirkenden Bau mit hel-

KLEINE PAUSE

Weinhaus Wilhelmi – eine Mainzer Institution

Im Schatten des Rathauses sitzt man an langen Tischen vor holzgetäfelten Wänden und spannt nach Einkaufsbummel oder abendlichem Theaterbesuch ein bisschen aus. Porträts bekannter Persönlichkeiten, die hier in der Vergangenheit Station machten, hängen an den Wänden, genau wie die Bilder alter Mainzer Fastnachtsgrößen. Knapp drei Dutzend offene Weine und traditionelle Mainzer Spezialitäten wie Spunde- oder Handkäs' sind im Angebot. Besonders empfehlenswert ist das Rumpsteak mit „Zwiwwele", das mit Bratkartoffeln oder Brot auf den Tisch kommt.

4 [E4] **Weinhaus Wilhelmi,** Rheinstr. 53, Tel. 06131 224949, www.weinhaus-wilhelmi.de, täglich 17–24 Uhr

Holz- und Eisenturm: Erinnerung an die alte Stadtmauer

An der Rheinstraße, der großen Nord-Süd-Achse im Mainzer Osten, markieren zwei mächtige Türme noch heute den Verlauf der alten Stadtmauer. Fast drei Dutzend Tor- und Wachtürme krönten sie im 16. Jahrhundert, von denen heute insgesamt nur noch drei erhalten sind. Einer ist der gotische ***Eisenturm*** *gegenüber dem Rathaus, von alten Mainzern auch „Eiserner Turm" genannt. Seinen Namen verdankt er dem einst am Rheinufer abgehaltenen Eisenmarkt. Der Eisenturm wurde um 1240 erbaut und in der ersten Hälfte des 15. Jahrhunderts auf sechs Stockwerke erhöht. Zeitweise diente er als Gefängnis. Seinen romanischen Torbogen flankieren zwei Sandsteinlöwen, die Symbole staufischer Kaisermacht.*

Ein paar Fußminuten weiter südlich findet sich der ***Holzturm,*** *der an den benachbarten städtischen Holzstapelplatz erinnert, wo früher das über Rhein und Main angeflößte Holz zum Verkauf kam. Auch der Holzturm diente lange Jahre als Gefängnis. Prominentester Häftling war der berühmte Räuber Schinderhannes (s. S. 58), der mehr als ein Jahr im Holzturm eingekerkert war. Der über 12 Meter hohe Turmhelm und die Hauben der Ecktürme wurden nach kriegsbedingten Zerstörungen 1961 rekonstruiert.*

053mz Abb.: gs

⊡ Der Holzturm, in dem der Räuber Schinderhannes eingekerkert war

lem norwegischem Marmor verkleidete und mit dunklen Rastergittern aus Aluminiumstäben aufpeppte. Sachlich wie das Äußere ist auch das Innere wie das quadratisch angelegte Foyer, das heute als Ausstellungsraum genutzt wird, und der Ratssaal mit seinen kreisförmigen Sitzreihen. Inzwischen ist das 1973 eingeweihte Rathaus in die Jahre gekommen und bedarf dringend einer Generalsanierung. Weil die aber mindestens 50 Millionen Euro kosten dürfte, ist in der Stadt eine hitzige Diskussion um die Zukunft des Gebäudes entbrannt. Noch aber gibt es keine endgültigen Sanierungspläne.

Ihre Sanierung zum Großteil schon hinter sich hat die 1968 eröffnete **Rheingoldhalle** gegenüber. Sie ist über den Rathausplatz – der heute Jockel-Fuchs-Platz heißt – und ein großteils unterirdisches Parkhaus mit dem Rathaus verbunden. Als Kongresszentrum bietet die Rheingoldhalle mit ihrem großen Foyer und vielen kleinen und großen Sälen heute Ärztekongressen ebenso ein Zuhause wie den Mainzer Fastnachtsvereinen, die gern hier feiern. Vom Rathausplatz führt eine einfache Fußgängerbrücke über die Rheinstraße ins Einkaufszentrum Am Brand. Von ihr aus hat man einen schönen Blick auf den Eisenturm (s. S. 64).

› **Rathaus,** Jockel-Fuchs-Platz 1, Tel. 06131 120, www.mainz.de, Mo.–Fr. 8–18 Uhr

26 Heilig-Geist-Spital ★ [E4]

Deutschlands ältestes Bürgerspital beherbergt heute **einen der populären Treffpunkte in der Stadt**, das **Heilig Geist**. Im ehemaligen Krankensaal schlürft die Jeunesse dorée heute ihre Cocktails und das Bürgervolk trifft sich am Wochenende zum Brunch. Nachmittags trinkt man hier seinen Kaffee. Feinste Spitzbögen und Säulen gehören neben einem meterhohen Kreuzrippengewölbe zum Ambiente des Lokals.

Das **Heilig-Geist-Spital** wurde 1236 vom Erzbischof als Domspital erbaut und den Brüdern vom Heiligen Geist überlassen, einer Gemeinschaft, die schon wenige Jahre nach ihrer Gründung unter städtischer Aufsicht Alte und Kranke pflegte und nach klösterlichen Regeln zusammenlebte. Auch Pilger, Obdachlose, Fremde und Arme wurden aufgenommen. Mit dem Verlust der Stadtfreiheit im 15. Jahrhundert unterstand das Spital wieder ausschließlich der Kirche. 1863 wurde es zur Gaststätte. Besonders schön ist das Portal an der Nordseite, das im Sommer eindrucksvolle Kulisse eines Biergartens ist.

› **Heilig Geist,** Mailandsgasse 11, Tel. 06131 225757, www.heiliggeist-mainz.de, Mo.–Fr. 16–24, Sa./So. 9–24 Uhr

Etwas außerhalb

27 Neustadt ★★ [B2]

Nördlich der Kaiserstraße – dem Prachtboulevard, der grob betrachtet den Bahnhof mit dem Rhein verbindet – liegt die Neustadt. Sie ist der einwohnerstärkste und am dichtesten besiedelte Mainzer Stadtteil. Früher prägten ihn Arbeiter und weniger gut Verdienende, inzwischen ist er Wohnort einer **multikulturellen Gesellschaft** mit Szenekneipen, esoterischen Buchhandlungen und Bioläden, türkischen Supermärkten und gemütlichen Cafés. Auch von Touristen wird die Neustadt heute immer häufiger besucht, verkörpert sie doch jene moderne Urbanität, die der Stadt sonst fehlt. Vor allem Junge und Junggebliebene geben hier den Ton an. Fast jeden Monat entstehen neue Läden und Kneipen. Wer das **Lebensgefühl einer jung gebliebenen Stadt** spüren

EXTRATIPP

Die Kunsthalle, der schiefe Turm von Mainz

Zwischen altem Kesselhaus und ehemaligem Lokschuppen ragt am Mainzer Zollhafen ein **schmaler, grüner Turm** schräg in den Himmel: Neigungswinkel sieben Grad. Es ist die Mainzer Kunsthalle (s. S. 82), in deren absichtlich schief gebautem Turm ausschließlich **zeitgenössische Kunst** präsentiert wird. Die Neigung des Turms setzt sich übrigens auch im Inneren fort. Sogar der Lift, der den sieben Meter hohen Eingangsbereich mit den oberen Ausstellungsstockwerken verbindet, ist geneigt. Die Kunsthalle selbst bietet regelmäßig wechselnde Ausstellungen moderner Gegenwartskunst.

will, ist hier besonders gut aufgehoben und herzlich willkommen!

In der zweiten Hälfte des 19. Jh. hatte Mainz die Erschließung der Neustadt in Angriff genommen, die wegen ihrer vielen Gärten im Volksmund nur Gartenfeld hieß. Mit der Rheinallee im Osten und drei nach Kaisern benannten Straßen (Kaiser-Wilhelm-Ring, Barbarossaring, Kaiser-Karl-Ring) im Westen und Norden legte man einen **Straßenring** um das neue Baugebiet. Hinzu kam der 1884 vollendete **Hauptbahnhof** mit seinem großen Vorplatz am Anfang der Kaiserstraße, die ursprünglich noch viel breiter geplant war. Der Bau des neuen Hauptbahnhofs war die Folge der Verlegung der Bahnlinie vom Rheinufer in den Westen der Stadt. Dazu musste man einen kilometerlangen Tunnel unter den alten Festungsanlagen der Stadt hindurch graben, ein Schienennadelöhr, das inzwischen vierspurig ausgebaut wurde.

Geistiger Vater der Stadterweiterung war der **Stadtbaumeister Eduard Kreysig** (1830–1897), der die Ideen für den Ausbau den Stadtplanern in Paris abgeschaut hatte. Auch dort wurden neue Stadtteile im Schachbrettmuster angelegt und kleine Querstraßen trennten die wichtigen Nord-Süd-Achsen. Nachdem die Kaiserstraße und die äußeren Ringe besiedelt waren, füllte sich im 20. Jahrhundert auch der Kern der Neustadt, an deren nördlichen Enden sich große **Gewerbebetriebe** ansiedelten.

In diesem Stadtteil finden sich auch die wichtigsten Mainzer **Hafenanlagen**, allen voran der Containerhafen auf der Ingelheimer Aue. Der moderne Ankerplatz hat den über 100 Jahre alten Zollhafen abgelöst, auf dessen Gelände zurzeit ein ganz **neues Stadtquartier** mit Wohn- und Büroräumen für viele Tausend Menschen entsteht. Die meisten der hochpreisigen Wohnungen, vor allem die mit direktem Rheinblick, sind bereits verkauft, die vielen Büro- und Ladenräume vermietet.

Touristisch gewichtigstes Ziel in der Neustadt ist neben der Kunsthalle die **jüdische Synagoge** (Synagogenplatz, Ecke Hindenburg- und Josefstraße), ein modern gestalteter Bau des Kölner Architekten Manuel Herz, der manchen Betrachter an ein monumentales Gebirge aus glitzerndem Metall erinnert. Eine von Wänden mit feingliedrigen Stuckreliefs umschlossene Synthese aus Neoexpressionismus und Traditionalismus, nannte der Architekturkritiker der Frankfurter Allgemeinen Zeitung den Neubau, der nur im Rahmen von gelegentlichen Führungen oder Tagen der offenen Tür zu besichtigen ist.

28 Mainz-Kastel ★ [F2]

Gegenüber der Innenstadt liegt das rechtsrheinische Kastel. Gefühlt gehört es noch immer zu Mainz, **verwaltungstechnisch** aber längst zu **Wiesbaden.** Das zeigen auch die Ortseingangsschilder: „Landeshauptstadt Wiesbaden – Stadtteil Mainz-Kastel". Nach dem Krieg hatten die alliierten Siegermächte Kastel und die beiden anderen, ebenfalls rechtsrheinischen Mainzer Stadtteile Kostheim und Amöneburg treuhänderisch der Nachbarstadt zugeschlagen. Ein Einschnitt, der vor allem die älteren Mainzer bis heute schmerzt und praktisch wenig Sinn macht. So ist es von Kastel zu Fuß nur eine knappe Viertelstunde in die Mainzer Innenstadt, nach Wiesbaden hin und zurück ein kleiner Tagesmarsch.

Für die Mainzer jedenfalls ist Kastel heute mehr als ein Brückenkopf. Schon die Römer hatten hier einen festen Übergang über den Rhein. An sie erinnern nicht nur Ausstellungsstücke im kleinen **Museum Castellum** (s. S. 83) in der **Reduit**, einer alten, 1816 von preußischen und österreichischen Truppen angelegten Festung am Rheinufer, sondern auch die Reste eines **römischen Ehrenbogens** aus der Zeit um Christi Geburt. Teile seiner Mauern finden sich im Keller eines Hauses in der Großen Kirchenstraße.

Prunkstück des Stadtteils aber ist der schöne **Strand**, der im Sommer Mittelmeerfeeling aufkommen lässt.

Ein **Flößer-Denkmal** vor und ein paar Erinnerungsstücke in der **Bastion von Schönborn**, einem heute als Restaurant (s. S. 90) genutzten Haus am Rheinufer, verweisen auf die Tradition der Kasteler Flößer, die jahrhundertelang auf dem Rhein ihrem Handwerk nachgingen. Vor allem aber kommen in Kastel **Graffiti-Freunde** auf ihre Kosten (s. S. 68).

› **Anfahrt:** Bus 6, 9, 28, 56,68 (Haltestelle Brückenkopf)

★6 [G2] **Römischer Ehrenbogen,** Große Kirchenstraße 5–13, zu besichtigen gewöhnlich So. 10.30–12.30 Uhr

29 Opel Arena ★ [bi]

Hinter dem Namen einer großen Automobilfirma versteckt sich das **Mainzer Fußballstadion.** Es ist die neue Heimstatt der „05er", des örtlichen Bundesligavereins, der 2011 das traditionsreiche Bruchweg-Stadion verlassen und hinter dem Universitätsgelände seine neue Kickerarena bezogen hat.

Der 1905 von einem 17-jährigen Juden mitgegründete Fußballverein **Mainz 05** mit heute mehr als Zehn-

EXTRATIPP

Mainzer Römersteine

Im ehemaligen Vorort Zahlbach, nur ein paar Schritte vom Mainzer Hauptfriedhof entfernt, finden sich Überreste einer römischen Wasserleitung. „Römersteine" nennt man sie in Mainz. Es handelt sich um mächtige Steinhaufen, die einen Eindruck von der Größe der ehemaligen Versorgungsleitung geben. An dieser Stelle überspannte das **Aquädukt** in bis zu 25 Metern Höhe einst ein Tal samt Bach. Mehr als 50 Pfeiler haben die Archäologen in den letzten Jahrzehnten ausgegraben, von denen allerdings nur die wenigsten eine touristische Stippvisite wert sind.

Die Wasserleitung diente zur Versorgung des römischen Mainz und entstand höchstwahrscheinlich im ersten Jahrhundert nach Christus. Ein Teil der Strecke, die bis zu neun Kilometer lang gewesen sein soll, verlief unterirdisch. Fachleute halten das Mainzer Aquädukt, das aus rund 500 steinernen Pfeilern bestanden haben soll, für eines der größten nördlich der Alpen.

★5 [A7] **Mainzer Römersteine,** Zugang über die Untere Zahlbacher Straße oder Backhaushohl, ÖPNV: Tram 52 (Haltestelle Römersteine)

054mz Abb.: gs

Graffiti-Metropole Kastel

Bunt und schrill, manchmal auch nachdenklich und politisch, zeigt sich die Mainzer Streetart am rechten Rheinufer – gleich unter dem Kopf der Theodor-Heuss-Brücke (s. S. 62) in der Unterführung und auf den umliegenden Häusern und Mauern. Auf 5000 m² Fläche zeigen Sprayer aus aller Welt das ganze Jahr über und 24 Stunden am Tag ihre Graffiti, viele davon riesige Kunstwerke. Jährlich Anfang Juni wird die kostenlos zugängliche Open-Air-Galerie neu bestückt – im Rahmen des Festivals „Meeting of Styles", das jedes Jahr unter einem anderen Motto steht. Breakdancer, Rapper und andere Künstler bilden den Rahmen des Festivals, das inzwischen mehr als 100 Kunstschaffende aus fast 20 Ländern zusammenbringt. Das Event mit weltweitem Renommee wird vom Wiesbadener Amt für Soziale Arbeit im Rahmen seiner Jugendarbeit organisiert und findet seit 2005 in Kastel statt. Besonders ins Auge stechen die großflächigen Hausbemalungen, bei denen auch Fenster, Türen und Garagen einbezogen werden.

091mz Abb.: gs

092mz Abb.: gs

093mz Abb.: gs

tausend Mitgliedern ist inzwischen eine heimstarke **Bundesligamannschaft.** Die ersten Jahrzehnte waren sportlich ohne große Bedeutung und auch die meiste Zeit nach dem Krieg war wenig spektakulär, sodass der Verein auch bei Gründung der Bundesliga nicht dabei war. Später verzichtete man aus wirtschaftlichen Gründen auf einen Bundesligaplatz und spielte lieber als Amateurmannschaft weiter. Erst 1988 waren Mannschaft und Verein reif für die Zweite Bundesliga, wo man aber wenig überregionale Schlagzeilen machte.

Das änderte sich im neuen Jahrtausend, als man mit **Jürgen Klopp** einen Spieler zum Trainer machte. „Motivator Klopp", wie er genannt wurde, formte eine Mannschaft, die nach mehreren vergeblichen Anläufen schließlich den Sprung in die höchste deutsche Fußballklasse schaffte. Auch sein Nachfolger Thomas Tuchel verdiente sich in Mainz große Meriten, als er die Mannschaft in die Europa League führte.

Die Opel Arena bietet Platz für rund 34.000 Fans. Mehr als ein Drittel aller Plätze sind Stehplätze. Eigentümer des Stadions ist die Stadt Mainz. Gewöhnlich freitags bietet der Fußballverein im Rahmen einer neunzigminütigen Führung Gelegenheit zur **Besichtigung** der Sportanlage. Interessierte können einen Blick in die Umkleidekabinen der Spieler werfen, auf dem Trainerstuhl Platz nehmen oder aus einer der VIP-Logen den Blick auf den Rasen genießen. Individuelle Führungen sind außerhalb der Bundesligaspieltage fast immer möglich.

Der gut sortierte **Fanshop von Mainz 05** ist Mo. bis Fr. von 10 bis 19 Uhr und Sa. von 10 bis 14 Uhr geöffnet (an Heimspieltagen auch sonntags und samstags bis abends). Bestellungen sind unter www.mainz05shop.de auch online möglich.

› **Opel Arena,** Eugen-Salomon-Str. 1, Tel. 06131 375500, www.mainz05.de, Stadionführung 6 € (Kinder 4 €), Straßenbahn- und Buslinien 51, 53, 54 und 56. Bei Heimspielen des Vereins fahren Sonderbusse vom Hauptbahnhof und manchen Vororten zum Stadion. Shuttlebusse gibt es auch vom Großparkplatz auf dem Hechtsheimer Messegelände.

30 Zweites Deutsches Fernsehen (ZDF) ★★★ [bj]

Vor den Toren der Stadt, auf dem Lerchenberg, ist eine der größten Fernsehanstalten Europas zu Hause: das Zweite Deutsche Fernsehen, kurz ZDF. Fast 3000 Mitarbeiter gestalten dort rund um die Uhr verschiedenste TV-Programme. Besucher haben die Gelegenheit, den Fernsehmachern bei ihrer Arbeit über die Schulter zu schauen. Besonders gern tun sie das im Sommer, wenn von Mai bis September sonntags der „ZDF-Fernsehgarten" lockt, oder samstagabends im „Aktuellen Sportstudio".

Neben dem **ZDF** sendet vom Mainzer Lerchenberg auch **3sat,** eine Gemeinschaftseinrichtung von ARD, ZDF, Schweizerischer Radio- und Fernsehgesellschaft und Österreichischem Rundfunk. Auch 3sat ist ein 24stündiges Vollprogramm in deutscher Sprache. Hinzu kommen einige digitale Kanäle wie **ZDFinfo** oder **ZDFneo,** die ebenfalls in Mainz produziert werden und mit denen der Sender vor allem jüngere Zuschauer erreichen will. Nicht zuletzt werden auf dem **Lerchenberg** auch Programme für die Sender **Arte** und **Phoenix** gefertigt.

1964 hatte das damals noch aus dem Frankfurter Vorort Eschborn sendende ZDF ein mehr als eine Million Quadratmeter großes Grundstück auf dem Hügel oberhalb der Stadt erworben, auf dem Anfang 1967 die ersten Mitarbeiter ihre Arbeit aufnahmen. 1974 bezogen die ersten Redakteure und Verwaltungsfachleute ihre Büros. 1984 nahm das damals neue Sendezentrum seinen Betrieb auf, das seitdem immer wieder technisch aufgerüstet wurde. Zu den wichtigsten Programmen, die auf dem Lerchenberg produziert werden, gehören die täglichen **Nachrichtensendungen** – vor allem „heute" und „heute journal".

Besucher können fast das ganze Jahr über im Rahmen einer **Führung** einen Blick hinter die Kulissen werfen. Zur Besichtigung des ZDF-Sendezentrums gehört zudem ein Film über die Geschichte der Fernsehanstalt und ihrer Programme. Und natürlich gibt es einen großen Shop, in dem Souvenirjäger garantiert fündig werden. Seit Ende 2016 verkehrt zwischen Zollhafen und Lerchenberg eine neue Straßenbahnlinie, die sogenannte Mainzelbahn.

› ZDF-Str. 1, Mainz-Lerchenberg, www.zdf.de, kostenlose Führungen: Mo.–Fr. 9.30, 12 und 15 Uhr (Mindestalter 12 Jahre), Sa. (Okt.–April) 11 und 14 Uhr (Mindestalter 8 Jahre), Sonderführungen: Sa. (Mai–Sept.) 15.30 Uhr zur Generalprobe des „Fernsehgartens", Anmeldung: Tel. 06131 7014972

Gud'n Aaamd

Der faule Anton, der fleißige Berti, der musische Conni, der schlaue Ded, der schelmische Edi und das sportliche Fritzchen sind die Lieblinge einer ganzen Fernsehnation. Am 2. April 1963 erschienen die ***Mainzelmännchen*** *erstmals im ZDF als „Trenner" zwischen Programm und Werbeblöcken. Sechs muntere Kerlchen, die mit ihren TV-Späßchen seitdem Millionen Zuschauer unterhalten. Ihre Ableger geistern inzwischen auch frech und frivol durch die „heute show", die Satiresendung des ZDF. Vater der Figuren ist der 2012 verstorbene Zeichner Wolf Gerlach, der die Mainzelmännchen ursprünglich in Schwarz-Weiß zeichnete. Seit Kurzem finden sich grüne und rote Mainzelmännchen auch auf einer Fußgängerampel in der Innenstadt (Neubrunnenplatz) als Signalgeber.*

31 Großer Sand ★ [bh]

Naturfreunden sei ein Besuch des Großen Sandes empfohlen, eines einmaligen **Naturschutzgebiets** zwischen den Vororten Mombach und Gonsenheim. Das nach der letzten Eiszeit entstandene Dünen-Refugium, zusammengeweht aus Sand vom nahe gelegenen Rhein, bietet heute einigen **seltenen Pflanzen** und **Tieren** Heimat. So zum Beispiel dem Sand-Lotwurz, einem Raublattgewächs, das sonst nirgends in Deutschland mehr vorkommt.

Mit 127 Hektar ist der Große Sand relativ übersichtlich. Sein Bild prägen Steppenpflanzen, wie sie zum Teil auch in der Puszta oder anderen Trockenregionen zu Hause sind. Einige wie die Sand-Radmelde, die Rote Schwarzwurzel oder die bereits erwähnte Sand-Lotwurz sind vom Aussterben bedroht, andere wie das Frühlings-Adonisröschen, der Braunrote Stendelwurz, das Gewöhnliche Nadelröschen, der Blaugrüne Faserschirm, das Kegelfrüchtige Leimkraut

055mz Abb.: gs

oder das Büschel-Gipskraut stark gefährdet. Zu den Tieren, die auf dem Großen Sand noch heimisch sind, gehören der Wiedehopf, die Blauflügelige Ödlandschrecke, Ameisenjungfern oder der Russische Bär, ein farbiger Nachtfalter.

Das Gelände ist am besten auf ausgeschilderten Wegen, die zum Teil über Holzbohlen führen, zu erkunden. Sorge bereitet es den Naturschützern, dass das Gelände im Rahmen des NATO-Truppenstatuts noch immer militärisch genutzt werden darf.

› **Anfahrt:** Bus 61 (Haltestelle Mainz-Mombach Waldfriedhof) oder Bus 60 (Haltestelle Westring). Zwei mit blauen oder grünen Eichenstöcken und Stern gekennzeichnete Wege führen durch das Naturschutzgebiet. Bester Einstieg ist vom Mombacher Waldfriedhof oder vom Westring über die Unterführung „Am Großen Sand" aus.

Schadstofffrei: Die Wiesbadener Nerobergbahn (s. S. 78) fährt mit Wasserkraft

Entdeckungen im Umland

32 Wiesbaden ★★★ [bf]

Nur 15 Minuten Zugfahrt oder ein gutes halbes Stündchen mit dem Bus ist es vom Mainzer Hauptbahnhof bis in die Nachbarmetropole Wiesbaden und somit von der rheinland-pfälzischen in die hessische Landeshauptstadt. Von der studentisch geprägten Universitätsstadt kommt man in eine ehemalige Kurstadt, wo heute statistisch jedes zehnte Haus unter Denkmalschutz steht – mehr als in vielen anderen deutschen Städten. Zu entdecken gibt es u.a. herrschaftliche Villen, stattliche Bauten wie Kurhaus und Theater, eine mehr als hundert Jahre alte Standseilbahn, wunderschöne Parkanlagen, ein renoviertes Stadtschloss – und viele Bäder und Brunnen, an denen der Besucher das heiße Wasser genießen kann.

Allein in der Innenstadt gibt es mehr als ein Dutzend **Quellen**, in denen das rund 66 °C heiße Wasser zutage tritt, rund zwei Millionen Liter täglich. Die größte öffentlich zugängliche Stelle ist der **Kochbrunnen**, wo früher auch die Arbeiter gern ihr Mittagsbrot mit einem Schluck Quellwasser krönten, das manchem – so heißt es – wie eine Fleischbrühe gemundet habe. Wiesbadens Heilwasser ist nämlich eigentlich kein Trinkwasser, weil es zu viel Kochsalz enthält, und die Behörden empfehlen daher, nicht mehr als einen Liter davon zu trinken. Zur Badekur aber ist es genau richtig, weshalb viele noch immer gern in Wiesbaden Station machen.

Schon die Römer hatten die heißen Quellen gelockt, doch es dauerte bis in die zweite Hälfte des 19. Jh., ehe die Stadt zur repräsentativen **Kurmetropole** reifte. **Kaiser Wilhelm II.** kürte sie zu seiner Sommerfrische, weshalb Wiesbaden auch Kaiserstadt genannt wurde. Als „Nizza des Nordens" wurde sie bei Adel, Wirtschaftsmagnaten und Künstlern wie Fjodor Dostojewski oder Richard Wagner zur ersten Urlaubsadresse. Viele blieben und machten die Stadt zur Millionärshochburg. Davon zeugen noch heute Villen wie die **Villa Clementine**, die inzwischen als Literaturhaus der Stadt gehört und in den 1970er-Jahren als Kulisse für die Verfilmung von Thomas Manns „Buddenbrooks" diente. Nur wenig entfernt steht die **Villa Söhnlein-Pabst**, die dem Weißen Haus in Washington ähnelt. Anfang des 20. Jh. hatte sie der Sektfabrikant Friedrich Wilhelm Söhnlein erbauen lassen, um bei seiner amerikanischen Gattin ein bisschen Heimatgefühl aufkommen zu lassen.

Mit dem **Ersten Weltkrieg** war die große Zeit der Kurmetropole allerdings erst einmal vorbei und Wiesbaden war wieder eine Stadt unter vielen. Heute ist sie mit gut 275.000 Einwohnern eine der Kernstädte des Rhein-Main-Gebietes, die sich wie ein Schoßhund an den Taunus schmiegt und von dessen Wäldern seine Pfoten bis zum Rhein streckt. Mit gut 1500 Sonnenstunden zählt sie zu den wärmsten deutschen Städten.

Behörden, Dienstleistungs-, Bank- und Versicherungsunternehmen, die in der Stadt ihren Sitz haben, sind neben den Industriebetrieben in den AKK-Vororten die wirtschaftliche Stütze der Stadt. Zu stabilen Steuereinnahmen tragen auch viele Spezial-, Kur- und Fachkliniken bei, die das Jahr über ihre Dienste anbieten und teilweise das heiße Quellwasser noch immer für ihre therapeutischen Angebote nutzen.

KLEINE PAUSE

Das Maldaner – Wiesbadens traditionsreichstes Café

Ein Hauch des alten Wiesbaden weht noch immer durchs traditionsreiche Café Maldaner, wo sich die hausgemachten Torten und Kuchen in den Kühltheken türmen. Seit 1859 genießt man hier auf bequemen Sofas und Sesseln den Tag. Für Alt und Jung ist das Maldaner noch immer einer der wichtigsten Treffpunkte der Stadt. Wer will, kann dann bei Kaffee und Kuchen von den Zeiten träumen, als Kaiser und Könige noch in Wiesbaden Urlaub machten, als die Kur nicht nur die Knochen, sondern vor allem die Seele aufpolierte – und manche Romanze beim nachmittäglichen Kaffee ihren Anfang nahm.

7 [bf] **Café Maldaner**, Marktstraße 34, Tel. 0611 305214, www.maldaner1859.de, Mo.–Sa. 9–18.30, So. 10–18 Uhr

Spaziergang durch Wiesbaden

Der beste Ausgangspunkt zu einem kleinen Stadtbummel durch Wiesbaden ist der **Marktplatz**, das sogenannte **Dern'sche Gelände**. Es ist eine Viertelstunde Fußmarsch vom **Hauptbahnhof** entfernt, der sich nach der 35 Millionen Euro teuren Sanierung seiner Hallendächer in neuem Glanz präsentiert. Anfang des 20. Jahrhunderts hatte man ihn im neobarocken Stil errichtet – mit einem eigenen Eingang für den immer im Mai in Wiesbaden urlaubenden Kaiser Wilhelm II.

Wer mit dem eigenen Pkw anreist, fährt am besten gleich zum Marktplatz, wo sich auch die Touristinformation befindet und ein großes, unterirdisches Parkhaus. Besondere Atmosphäre herrscht hier mittwochs und samstags, wenn der Wochenmarkt mit seinen Buden und Ständen lockt. Unübersehbar ist die fünftürmige evangelische **Marktkirche**, mit knapp 100 Metern das höchste Gebäude der Stadt. Vor ihrer Front steht der „Schweiger", ein Denkmal für Wilhelm von Oranien, das Kaiser Wilhelm II. 1908 der Stadt schenkte.

Der sich anschließende **Schlossplatz**, der älteste Kern der Stadt, bietet gleich drei Sehenswürdigkeiten: Das **neue Rathaus** stammt aus den 1880er-Jahren, das **alte Rathaus** schräg gegenüber wurde im frühen 17. Jahrhundert erbaut und ist damit das älteste Gebäude Wiesbadens. Heute dient es als Standesamt. Das **Stadtschloss** auf der anderen Seite, Mitte des 19. Jahrhunderts als Palais für Herzog Wilhelm von Nassau im spätklassizistischen Stil erbaut, ist heute Sitz des **Hessischen Landtags**. Fast jeden Samstag um 15 Uhr gibt es dort öffentliche Führungen, die einen Besuch des Plenarsaales mit einschließen. Zwischen Schloss und Rathaus fällt der **Marktbrunnen** von 1753 ins Auge, als Wiesbaden noch ein unbedeutendes Städtchen am Taunusrand war. Nicht einmal 2500 Einwohner zählte man um die Wende vom 18. ins 19. Jahrhundert.

Die Marktstraße führt weiter in die Stadt mit ihren Geschäften und Gastronomiebetrieben. Rechts zweigt bald eine der typischsten Alt-Wiesbadener Gassen ab: die Grabenstraße mit kleinen Boutiquen und einem von vielen öffentlich zugänglichen alten Brunnen, die Wiesbadens Aufstieg zur Kurstadt beförderten. Davon zeugt heute auch die gründlich renovierte **Kaiser-Friedrich-Therme**, eine Badelandschaft wie aus dem Bilderbuch mit Saunen, Dampfbädern, Ruhezonen und weiteren Wellness-Anlagen. 1913 hatte das Bad erstmals seine Pforten geöffnet und das heiße Wasser aus dem Untergrund genutzt. Hier scheint die Zeit still zu stehen und man ist vom fast antiken Interieur beeindruckt.

Keine fünf Fußminuten weiter Richtung Nordosten zeigt sich mit dem **Kochbrunnen**, der auch die Kaiser-Friedrich-Therme speist, der Kern der alten Kurstadt. Vom **historischen Kurzentrum** stehen allerdings nur noch ein Teil der Wandelhalle und der Pavillon, in dem man das Wasser probieren kann. Schon im frühen Mittelalter wurde die Quelle als Bryeborn (Brühborn) erwähnt. Sie spendet heute jede Minute gut 350 Liter Wasser. 66 Grad warm und nach Schwefel riechend kommt es an die Oberfläche. Von den Quellen am Kochbrunnen profitieren auch die umliegenden Hotels wie der 1486 erstmals erwähnte **Schwarze Bock**, in dessen hauseigenen Badeanlagen schon Hunderttausende ihre Seele baumeln ließen. Zu den Hochzeiten der Kurstadt dienten rund 200

Hotels und Tausende von Villen den Gästen als Herberge. Sie waren gegenüber den Einwohnern meist in der Überzahl – auch wenn die Einwohnerzahl sich im 19. Jahrhundert fast verfünfzigfacht hatte. Ab 1852 trug Wiesbaden stolz den Titel Weltkurstadt.

Damit die Kurgäste sich nicht langweilten, schuf man mit Theater und Kurhaus zwei große Unterhaltungsstätten, die noch heute zu jedem Stadtrundgang gehören. Das heutige **Hessische Staatstheater** wurde im Auftrag Kaiser Wilhelms II. Ende des 19. Jahrhunderts für 1,8 Millionen Goldmark im Stil des Neobarock erbaut. Zusammen mit seiner schon 1839 entstandenen Kolonnadenfront, dem Kurhaus und den gegenüber liegenden **Kurhauskolonnaden** von 1827 bildet es eine architektonische Einheit, die früher auch immer wieder Rahmen für große Konzerte auf dem dazwischen liegenden **Bowling Green** war, einer von englischen Gästen so getauften Rasenfläche mit Springbrunnen. Sting, Elton John, Placido Domingo, Eric Clapton und viele andere Showgrößen waren hier schon zu Gast.

Das **Kurhaus** im Zentrum ist Wiesbadens gesellschaftlicher Mittelpunkt: Veranstaltungsort für festliche Bälle und hochkarätige Kongresse. Der Anfang des 20. Jahrhunderts für sechs Millionen Goldmark geschaffene, neoklassizistische Prachtbau mit seinen vielen Jugendstilornamenten gehört heute zu den Vorzeigepalästen Deutschlands. Seit 1949 beherbergt das Kurhaus zudem eine täglich ge-

Der Kochbrunnen erinnert an die Glanzzeiten der einstigen Kurmetropole Wiesbaden

Das Hessische Staatstheater aus wilhelminischer Zeit

öffnete **Spielbank**, die interessante Einblicke in die Casino-Welt gewährt.

Bei schönem Wetter locken die **Parks** hinter Kurhaus und Staatstheater zum Spaziergang. Prächtige Villen säumen ihre Ränder. Ansonsten bietet sich ein Bummel über die **Wilhelmstraße** an, Wiesbadens Prachtboulevard, dessen Name an den nassauischen Herzog Wilhelm I. erinnert. Schicke Cafés und Läden finden sich hier, in die man ruhig mal reinschauen kann. Bei einem normalen Monatseinkommen reicht allerdings der Blick ins Schaufenster!

Etwas außerhalb der Stadt finden sich zwei weitere Sehenswürdigkeiten, die allerdings mit der „THermine“, einem Touristikbähnchen (Osterferien bis Ende Oktober täglich, www.thermine.de) vom Markt aus leicht zu erreichen sind: die **Nerobergbahn** (s. S. 78) und die **Russisch-orthodoxe Kirche.** Im Volksmund heißt Letztere auch „griechische Kapelle“, weil orthodoxe Kirchen früher meist so bezeichnet wurden. Das Gotteshaus auf Wiesbadens Hausberg, dem Neroberg, ließ Herzog Adolf von Nassau Mitte des 19. Jahrhunderts für seine früh verstorbene Gattin bauen, eine russische Prinzessin, die bei der Geburt ihres ersten Kindes mit nur 18 Jahren starb. Heute gehört die der heiligen Elisabeth geweihte Kirche, an die sich einer der größten **russischen Friedhöfe** Europas anschließt, der Russisch-orthodoxen Diözese von Berlin und Deutschland. Zum Besuch des russischen Präsidenten Wladimir Putin im Sommer 2007 wurden die fünf Kirchenkuppeln für rund eine halbe Million Euro eigens neu vergoldet.

› **Tourist Service Wiesbaden**, Marktplatz 1, 65183 Wiesbaden, Tel. 0611 1729930, www.wiesbaden.de, Mo.–Sa. 10–18 Uhr, April–Sept. auch So. und feiertags 11–15 Uhr. Info-Point im Wiesbade-

059mz Abb.: gs

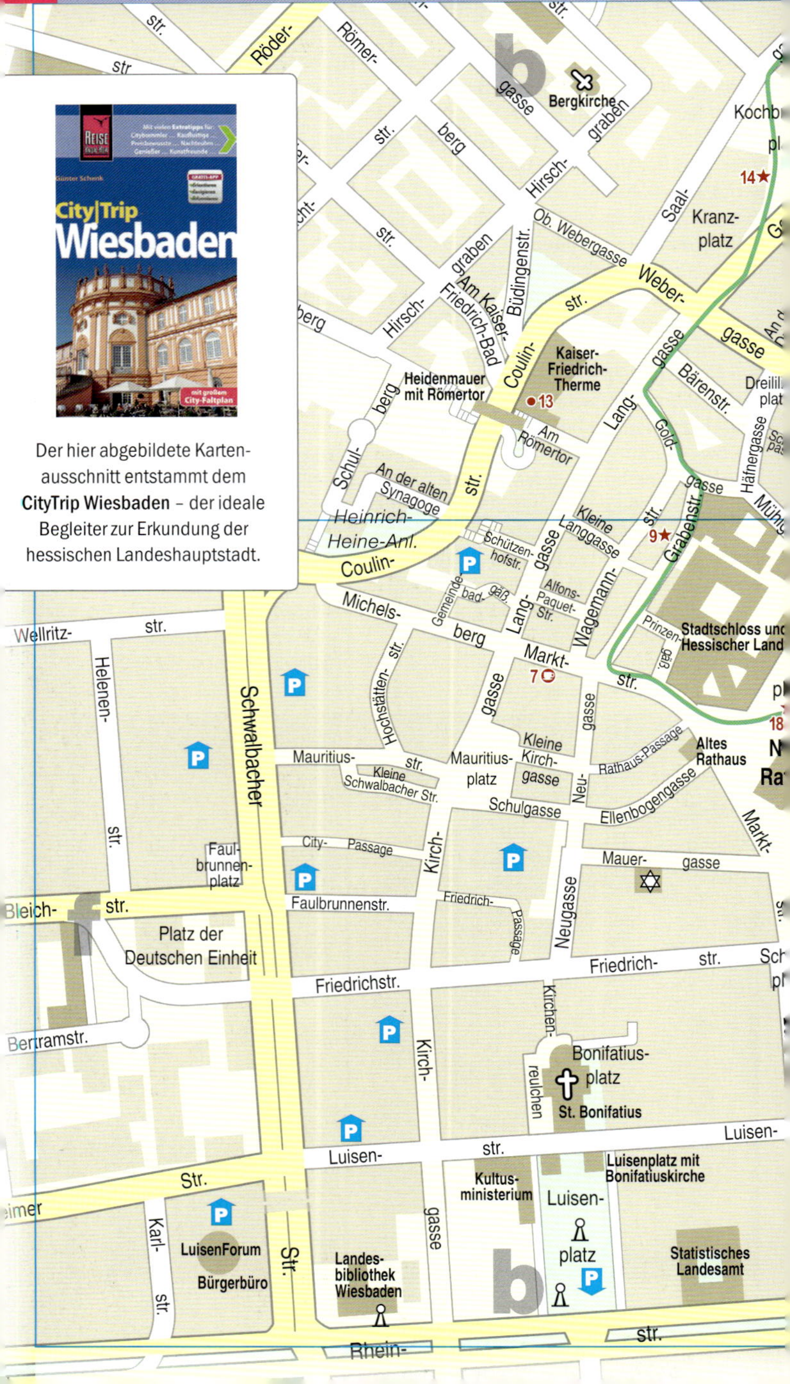

Der hier abgebildete Kartenausschnitt entstammt dem **CityTrip Wiesbaden** – der ideale Begleiter zur Erkundung der hessischen Landeshauptstadt.

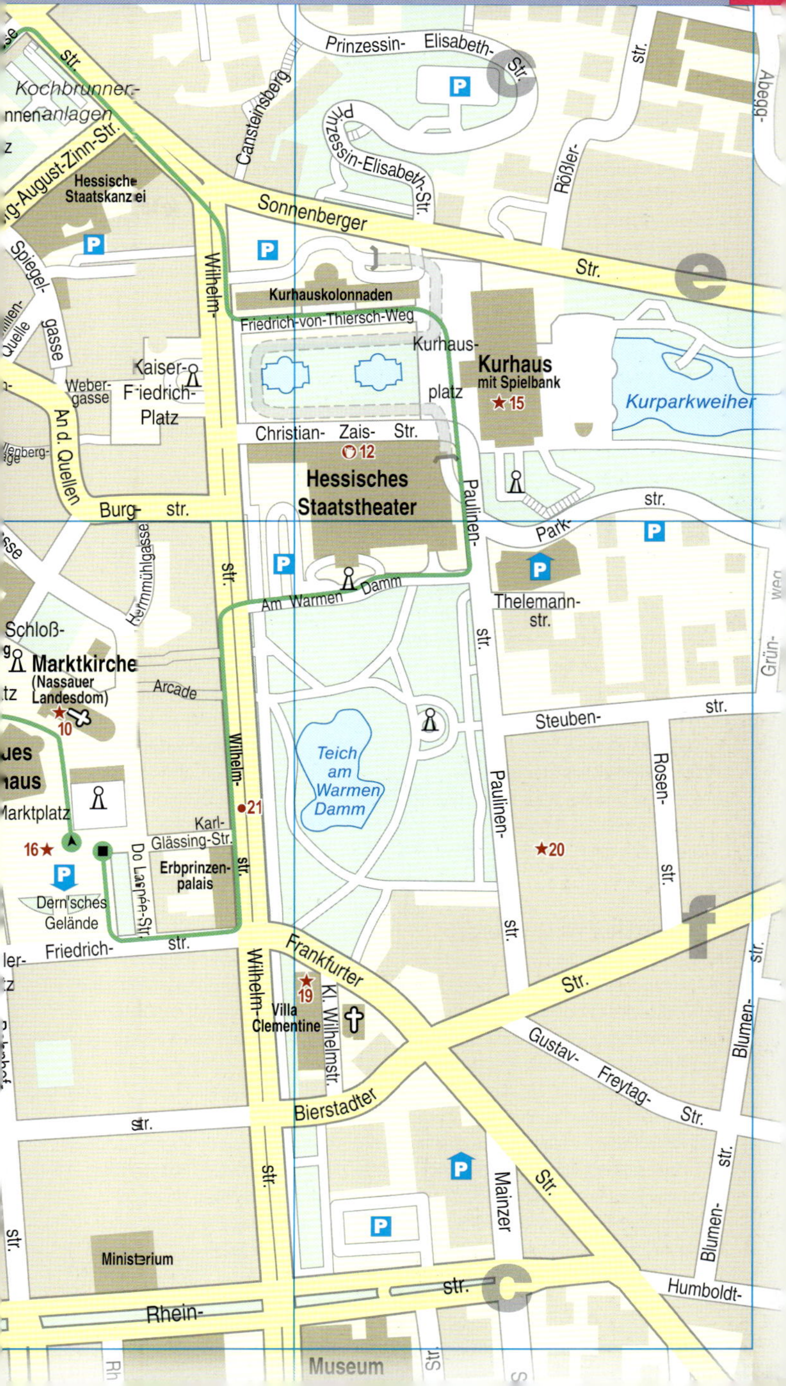
Prinzessin- Elisabeth- Str.
Prinzessin-Elisabeth-Str.
Cansteinsberg
Kochbrunnen-
anlagen
Hessische Staatskanzlei
Spiegelgasse
Sonnenberger Str.
Rößler-
Kurhauskolonnaden
Friedrich-von-Thiersch-Weg
Kurhaus-
platz
Kurhaus
mit Spielbank
15
Kurparkweiher
Kaiser-Friedrich-Platz
Weber-
gasse
An d. Quellen
Wilhelm-
str.
Christian- Zais- Str.
12
Hessisches
Staatstheater
Burg- str.
Park-
str.
Paulinen-
Am Warmen Damm
Thelemann-
str.
Herrnmühlgasse
Schloß-
Marktkirche
(Nassauer
Landesdom)
10
Arcade
Steuben- str.
Rosen-
str.
Teich
am
Warmen
Damm
Paulinen-
str.
20
Marktplatz
21
Karl-
Glässing-Str.
16
Erbprinzen-
palais
Do Lasp*e-Str.
Dern'sches
Gelände
Friedrich-
str.
Frankfurter
Str.
19
Villa
Clementine
Kl. Wilhelmstr.
Gustav- Freytag- Str.
Blumen-
str.
Bierstadter
Mainzer
Str.
Ministerium
Rhein-
str.
Humboldt-
Museum
e
f
c

ner Hauptbahnhof: Mo.–Fr. 6–20, Sa. 10–17.30 Uhr, Tel. 0611 45022408

› **Anreise:** Vom Mainzer Hauptbahnhof aus mit der S-Bahn 8, einem regulären Zug oder der Buslinie 6. Die Züge brauchen vom Mainzer zum Wiesbadener Hauptbahnhof knapp 15 Minuten. Mindestens doppelt so lang dauert die Busfahrt. Wer allerdings von der Mainzer direkt in die Wiesbadener Innenstadt will, ist unter Umständen mit dem Bus schneller. Die Planung erleichtert der Reiseplaner des Rhein-Main-Verkehrsverbundes (www.rmv.de), der bei Eingabe von Start und Ziel die beste und schnellste Verbindung anzeigt.

★9 [bf] **Bäckerbrunnen,** Grabenstraße

★10 [bf] **Evangelische Marktkirche,** Schlossplatz 4, Tel. 0611 9001611, www.marktkirche-wiesbaden.de, Di., Do., Fr. 14–18, Mi. 10–11.30 und 14–18, Sa. 10–11 und 12–14, So. 14–17 Uhr (im Winter eventuell verkürzte Öffnungszeiten), Turmbesteigung nur im Sommer

•11 [bf] **Hauptbahnhof,** Kaiser-Friedrich-Ring 1

12 [ce] **Hessisches Staatstheater,** Christian-Zais-Str.3, Tel. 0611 132325 (Karten), www.staatstheater-wiesbaden.de

•13 [be] **Kaiser-Friedrich-Therme,** Langgasse 38–40, www.wiesbaden.de/kft, tgl. 10–22 Uhr

★14 [be] **Kochbrunnen,** Kochbrunnenplatz

★15 [ce] **Kurhaus mit Casino,** Kurhausplatz 1, Tel. 0611 536100, www.spielbank-wiesbaden.de, tgl. 14.45–3 Uhr

★16 [bf] **Marktplatz/Dern'sches Gelände**

★17 [be] **Russisch-orthodoxe Kirche,** Christian-Spielmann-Weg 2, Tel. 0611 9590994, www.roc-wiesbaden.de, Mai–Okt. tgl. 10–18, Nov.–April tgl. 10–16 Uhr. Fotografieren im Inneren verboten!

★18 [bf] **Schlossplatz**

★19 [cf] **Villa Clementine,** Frankfurter Str. 1, Tel. 0611 315745, Di.–So. 10–18 Uhr

★20 [cf] **Villa Söhnlein-Pabst,** Paulinenstr. 7

•21 [bf] **Wilhelmstraße**

33 Schloss Biebrich ★ [bg]

Ebenfalls mit dem Stadtbus von Mainz aus gut zu erreichen ist das Biebricher Schloss – eine **barocke Residenz am Rheinufer in Biebrich,** die im Sommer auch von der weißen Flotte der Köln-Düsseldorfer Rheinschifffahrt (s. S. 133) angesteuert wird. Heute dienen Rotunde, Galeri-

EXTRATIPP

Mit 7000 Liter Wasser bergab

Nostalgie pur! Mehr als hundert Jahre ist die Nerobergbahn alt, die den Besucher auf **Wiesbadens Hausberg** bringt. Dreieinhalb Minuten braucht das Bähnchen, mit dem maximal 40 Personen bergauf und 50 bergab fahren können, um von der Talstation über ein Viadukt zur Bergstation auf 245 Meter Höhe zu fahren – geräuscharm und völlig schadstofffrei, denn **die Nerobergbahn fährt mit Wasser.** Bis zu 7000 Liter Wasser beschweren das Bähnchen auf seiner Talfahrt, das an einem 452 Meter langen Stahlseil die zweite Bahn bergauf zieht. Zur Sicherung dienen Zahnräder, die in eine Zahnstange auf der Gleisanlage greifen. Unten wird das Wasser abgelassen und wieder auf den Berg gepumpt.

•8 [be] **Nerobergbahn,** Wilhelminenstr. 51, Tel. 0611 2368500, www.eswe-verkehr.de/nerobergbahn, Fahrzeiten: April/Sept./Okt. tgl. 10–19 Uhr, Mai–Aug. tgl. 9–20 Uhr, 4,50 € (Berg- und Talfahrt, Kinder unter 15 Jahren 2,50 €)

en und Pavillons der hessischen Landesregierung und anderen Behörden als repräsentativer Ort für **öffentliche Veranstaltungen** und **große Empfänge.** Nicht zuletzt sind das Schloss und der angrenzende **Park** an den Pfingsttagen auch traditionell Austragungsort eines internationalen Reitturniers.

Ursprünglich war das Schloss die Residenz der **Fürsten** und späteren **Herzöge von Nassau,** die aus einem einfachen Gartenhäuschen am Rhein im Laufe der Jahre ein barockes Lustschloss machten, ein „Versailles am Rhein", dessen dreiflügliger Bau Mitte des 18. Jahrhunderts vollendet war. Seine Gewächshäuser und Pflanzen wurden Mitte des 19. Jahrhunderts nach Frankfurt verkauft, wo sie zum Grundstock des neuen Palmengartens wurden. Blickfang des Schlosses ist der **Festsaal** in der Rotunde, dessen kreisrunde Kuppel mit Oberlicht dem Pantheon in Rom nachempfunden ist. Heute ist das Schloss Eigentum des Landes Hessen und für Besucher nur im Rahmen öffentlicher Führungen zugänglich.

Das **Schloss-Restaurant,** das im Sommer auch eine Terrasse bewirtschaftet, ist vor allem bei Hochzeitsgesellschaften sehr beliebt, denn im Schloss kann man nicht nur feiern und gut essen, sondern auch standesamtlich heiraten.

› Rheingaustr. 140, Bus 9 (Haltestelle Schloss Biebrich)

EXTRAINFO

Schloss Biebrich: Baugeschichte in Zahlen

ab 1707: Bau zweier Gartenpavillons
1708: erste Anlage des Schlossparks
1934: Verkauf an Preußen
1981: Wiederaufbau des 1945 zerstörten Ostflügels

Schloss Biebrich präsentiert sich als barocke Residenz mit Festsaal und Schloss-Restaurant am Rheinufer

34 Schiffsmühle Ginsheim ★ [dj]

Jüngste Touristenattraktion im rechtsrheinischen, ehemaligen Mainzer Vorort Ginsheim ist eine rekonstruierte Schiffsmühle, wie sie früher auf dem ganzen Rhein zu Hause waren. Allein bei Ginsheim arbeiteten zeitweise bis zu 21 solcher **Mahlwerke im Fluss.** Mit zunehmender Dampfschifffahrt allerdings waren ihre Tage gezählt, weil sie vielerorts den Bootsverkehr erschwerten und der durch die Schaufelräder bedingte Wellenschlag den Mühlen zu schaffen machte. 1928 stellte die Ginsheimer Schiffsmühle damals am Rhein als letzte ihren Betrieb ein. Um das Andenken an die alte Technik zu bewahren, wurde Anfang des neuen Jahrtausends in mühevoller Handarbeit eine Schiffsmühle rekonstruiert. Knapp 28 Meter lang und gut 14 Meter breit liegt sie jetzt bei Rheinkilometer 493 im Ginsheimer Nordwesten und steht vor allem am Wochenende zur Besichtigung offen.

› **Schifffsmühle Ginsheim,** www.schiffsmuehle-ginsheim.de, Tel. 0157 37052722, Jan.–Feb. erster und dritter So. 13.30–16.30, März–Okt. Mi., Sa./So. 14–18, Nov.–Dez. So 13–16 Uhr, Eintritt: 4 €, Kinder bis 6 Jahre frei, Jugendliche bis 18 Jahre 1 €, Bus 54 (Haltestelle: Ginsheim, Bouguenais-Allee)

Schiffsmühlen wie diese prägten früher das Bild am Rhein

030mz Abb.: gs

Mainz für Kunst- und Museumsfreunde

Mit dem Gutenberg-Museum, dem Landesmuseum Mainz, dem Museum für Antike Schiffahrt, dem Naturhistorischen Museum und dem Bischöflichen Dom- und Diözesanmuseum verfügt Mainz über eine Handvoll renommierter Kunst-und Kultursammlungen. Daneben gibt es eine Reihe kleiner Spezialmuseen wie das Fastnachtsmuseum oder das Stadthistorische Museum auf der Zitadelle.

So bunt wie die Museumslandschaft ist auch das übrige Kulturleben in Mainz. So gibt es in der Stadt einige Chöre, von denen der **Domchor** mit Sicherheit der bekannteste ist. Der **Bachchor,** der häufig in der Christuskirche Konzerte gibt, steht ihm aber kaum in etwas nach. Kulturelle Impulse setzen auch die vielen Einrichtungen der **Universität,** die während des Semesters fast täglich mit Konzerten, Vorträgen oder anderen interessanten Veranstaltungen aufwarten. Nicht zuletzt pflegen zahlreiche literarische, wissenschaftliche und kirchenmusikalische Gesellschaften, Gesangvereine, Trachtengruppen und Spielmannszüge das **kulturelle Erbe.**

Rund tausend **Vereine** zählt die Stadt, die sie sämtlich auf ihrer Homepage (http://www.mainz.de/leben-und-arbeit/vereine/Vereinsverzeichnis.php) gelistet hat, darunter auch eine ganze Reihe Heimat- und Geschichtsvereine.

◁ *Vorseite: Blick durch den Marktbrunnen auf den Mainzer Wochenmarkt (s. S. 103)*

Museen

2 [E5] **Bischöfliches Dom- und Diözesanmuseum.** In den Räumen des ehemaligen Domkapitels und im Kreuzgang präsentiert das Bistum Mainz seine Schätze: Kunstwerke aus fast zwei Jahrtausenden ereignisreicher Kirchengeschichte (s. S. 27).

22 [E6] **Garnisonsmuseum,** Zitadelle (Bau A), Tel. 06249 7908, www.festung-mainz.de/museum, Besichtigung nur nach telefonischer Vereinbarung möglich. Uniformen, Bilder und Schriften dokumentieren in alten Kasematten die Geschichte der einst in Mainz stationierten Truppen.

4 [E4] **Gutenberg-Museum.** Johannes Gutenberg, seinen Erfindungen und deren Auswirkungen bis in die heutige Zeit ist gegenüber dem Dom ein ganzes Museum gewidmet – eine Dokumentation der Mediengeschichte der vergangenen 500 Jahre (s. S. 32).

23 [D4] **Isis- und Mater-Magna-Heiligtum (Taberna archaeologica),** Römerpassage 1, Tel. 06131 6007493, www.roemisches-mainz.de, Mo.–Sa. 10–18 Uhr, Eintritt frei. Römischer Tempel im Keller eines Einkaufszentrums. Öllämpchen und Opfergaben erlauben Einblicke in religiöse Kulte und Praktiken in der Römerzeit.

24 [C1] **Kunsthalle Mainz,** Am Zollhafen 3–5, Tel. 06131 126936, www.kunsthalle-mainz.de, Di., Do., Fr. 10–18, Mi. 10–21, Sa./So. 11–18 Uhr, 6 €, Führungen zzgl. 4 €. Zeitgenössische Kunst in der Mainzer Neustadt.

18 [D3] **Landesmuseum Mainz.** Barrierefreier, neu gestalteter Musentempel: Hier findet der Besucher barocke Möbel neben Steinzeitschmuck und mittelalterliche Altarbilder neben gotischen Madonnen (s. S. 52).

M 25 [C4] **Mainzer Fastnachtsmuseum,** Neue Universitätsstr. 2 (Proviant-Magazin), Tel. 06131 1444071, www.mainzer-fastnachtsmuseum.de, Di.–So. 11–17 Uhr, 2,50 €. Kostüme, Uniformen, Orden Narrenkappen, Zepter, Schwellköppe und historische Dokumente. Monitore zeigen die Höhepunkte der Fernsehfastnacht, u. a. Auftritte von Ernst Neger oder Herbert Bonewitz.

M 26 [F2] **Museum Castellum,** Reduit am Rheinufer, Tel. 06134 3763, www.museum-castellum.de, So. 10.30–12.30 Uhr (im Winter geschlossen), Eintritt frei. Kleines Heimatmuseum im rechtsrheinischen Vorort Kastel.

8 [F6] **Museum für Antike Schiffahrt.** Restaurierte Römerschiff-Originale und -Nachbauten in einer ehemaligen Markthalle in der Altstadt (s. S. 40).

19 [D3] **Naturhistorisches Museum.** Bedeutendstes Naturkundemuseum in Rheinland-Pfalz. Zu sehen sind Pflanzen und Tiere, aber auch Gesteine und Mineralien. Eine Sammlung für die ganze Familie (s. S. 55)!

M 27 [E7] **Stadthistorisches Museum,** Zitadelle (Bau D), Tel. 06131 629637, www.stadtmuseum-mainz.de, Fr. 14–17, Sa.–So. 11–17 Uhr, 3 €. Eine Dauerausstellung erinnert an das jüdische Mainz, das Wirtschafts- und Arbeitsleben im 19. und 20. Jahrhundert und an alte Mainzer Kinderspiele. Außerdem finden regelmäßig interessante Wechselausstellungen statt!

020mz Abb.: gs

Die berühmten Quaggas sind eines der Highlights im Naturhistorischen Museum **19**

096mz Abb.: gs

Diese Jungfrau mit Bart, die Heilige Kümmernis (s. S. 28), findet sich im Dom- und Diözesanmuseum **2**

Kunstgalerien

28 [cj] **Cadoro – Zentrum für Kunst und Wissenschaft,** August-Horch-Str. 14, Tel. 06131 2191883, www.zkw.vanderkoelen.de, Mi. 10–16, Sa. 11–16 Uhr. Moderne Kunst auf drei Etagen im Vorort Hechtsheim.

29 [E5] **Galerie Mainz,** Kirschgarten 27, Tel. 061319454299, www.galeriemainz.de, Di.–Sa. 11–16 Uhr. Kunst aller Art trifft auf Produktionen zweier Künstlerinnen.

30 [D5] **Galerie Mainzer Kunst,** Weihergarten 11, Tel. 0178 5566707, www.mainzerkunst.de, Di.–Fr. 11–18, Sa. 11–16 Uhr. Moderne Galerie mit vorwiegend regionalen Künstlern. Im Angebot sind u. a. farbige Drucke des Erfinders der Mainzelmännchen Wolf Gerlach.

31 [C4] **Haus Burgund,** Große Bleiche 29, Tel. 06131 234317, www.haus-burgund.de, Mo.–Do. 9–18, Fr. 9–13 Uhr. Kulturelle Außenstelle der französischen Region Burgund-Franche-Comté mit Ausstellungen, Lesungen und anderen Veranstaltungen.

32 [E4] **Kunstverein Eisenturm Mainz,** Fritz-Arens-Platz 1, Tel. 9727603, www.kunstverein-Eisenturm-Mainz.de. Sa./So. 13–17, Mi. 16–18 Uhr. Nur während der regelmäßigen Sonderausstellungen geöffnet. Der Kunstverein bietet ein Forum für Kunst aus der Region.

Kunst unter freiem Himmel

Die Kunst im öffentlichen Raum ist in Mainz sehr präsent. Zu Zeiten voller Kassen spendierten Kirche und Staat, Stadt und Mäzene den Bürgern Brunnen und Denkmäler, Statuen und Skulpturen. Besonders häufig begegnet man **Marienfiguren** an Erkern oder in Hausnischen. Und immer wieder hat der Stadtpatron, der **heilige Martin,** Gestalt gefunden – mal traditionell in Stein gehauen wie am Mainzer Dom 1 oder ganz modern aus Metall geschmiedet wie in der

021mz Abb.: gs

Fürstenbergerhofstraße. Viele Denkmäler und Skulpturen stehen auch am Rhein, wie der Mitte der 1930er-Jahre geschaffene **Bronzetiger** des Bildhauers Philipp Hart, der sich am Stresemann-Ufer befindet. Zum Freundeskreis des Künstlers gehörten Maler wie Emil Nolde oder George Grosz. Blickfang vor dem Rathaus 25 ist das Denkmal „**Lebenskraft**" des in Valencia, der Mainzer Partnerstadt, beheimateten spanischen Künstlers Andreu Alfaro. Dass moderne Kunst auch den Eingang mancher Mainzer Bank oder die Dächer des Theaters ziert, liegt an Verpflichtungen, die Bauherren dazu anhält, einen kleinen Teil der Investitionssumme in die Kunst am Bau zu stecken.

Auffallend sind auch die vielen **Brunnen,** die die Mainzer im Lauf der Jahre lieb gewonnen haben. Weil der Stadt inzwischen aber das Geld für ihren Betrieb fehlt, plätschern viele Wasserspender heute nur noch dank großzügiger Spenden. Der größte Brunnen steht vor der Christuskirche 21, der historisch wertvollste auf dem Markt [E4], der sicher populärste, der Fastnachtsbrunnen (s. S. 45), auf dem Schillerplatz 12. Ein großer Barockbrunnen ziert den Neubrunnenplatz [C4]. Ganz modern kommt der im Volksmund „Beamtenwecker" genannte Glockenbrunnen des Pfälzer Künstlers Gernot Rumpf vor dem Kultusministerium (Mittlere Bleiche 61 [C3]) daher. Und auch für den Anfang der 1930er-Jahre geschaffenen Brunnen auf dem Fischtorplatz [E/F4], der einen Fisch auf einer Weltkugel zeigt, haben die Mainzer längst einen Spitznamen: „Pellkartoffel mit Hering".

◁ *Tanzender Fisch am Brunnen auf dem Fischtorplatz [E/F4]*

Mainz für Genießer

Vor allem rund um den Dom drängen sich Restaurants und Cafés, Bistros und Kneipen – von der einfachen Dönerbude bis zur gehobenen Gastronomie. So groß wie die Zahl der Wirte ist auch die Palette ihrer Angebote.

Sterneköche wie Philipp Stein servieren feinste Gourmetmenüs, mit denen sie auch international punkten. Daneben gibt es eine Reihe kreativer Küchenkünstler, die in der Altstadt ihr Domizil aufgeschlagen haben. Heinrichs – Die Wirtschaft (s. S. 87), in der Heinrich Nestle geschmorte Kalbsbäckchen und andere Spezialitäten auf den Tisch bringt, oder La Gallerie in der **Gaustraße** 12, der Christoph Rubel seinen gastronomischen Stempel aufgedrückt hat. In der Mainzer Neustadt sind es Geberts Weinstuben (s. S. 87), die mit regionaler Frischeküche glänzen.

Kleine Lokale, oft nur in Wohnzimmergröße, überraschen täglich mit feinen Suppen, mit frischem Fisch oder hausgemachten Burgern. Auch originelle **Hausbrauereien** finden sich in Mainz und Umgebung, traditionelle **Weinwirtschaften** und **Brezelstände.** Und kaum zu zählen sind die Dönerbuden, Bistros und Backläden, Eiscafés, Pasta- und Pizzaspezialisten, die es so allerdings in fast jeder Stadt gibt. Auch Vegetarier und Veganer finden inzwischen genügend Angebote – vor allem in der Neustadt mit ihrem jungen, studentischen Publikum.

Hauptsächlich aber bestimmen **Wurst** und **Käse**, **Fisch** und **Fleisch** seit Jahrhunderten den Speisezettel am Rhein, genauso auch Brot, Suppen, Salate, Obst und Gemüse. Die Zutaten liefert das Hinterland, wo Erbsen, Bohnen, Karotten, Tomaten, Gurken und Kohl wachsen. Vor allem aber auch **Kartoffeln**, die seit dem 18. Jahrhundert in immer neuen Varianten auf den Tisch kommen und zeitweise das Brot ersetzt haben. So schnitt man früher Kartoffeln gern in dünne Scheiben und legte sie auf den Ofen, um sie später zu Mehl- oder Milchsuppen zu servieren. Mittags gab es häufig Salzkartoffeln oder Kartoffelbrei mit Sauerkraut, abends „Gequellte" oder „Quellmänner" wie man die Pellkartoffeln bis heute in Mainz nennt. Mit Butter oder Leberwurst schmecken sie am besten, auch mit gekochtem Spinat, den ein paar Spiegeleier oder eine Bratwurst krönen. Am häufigsten aber wurden Kartoffeln zu Suppen verarbeitet, die man in Mainz im Spätsommer und Herbst gern mit Zwetschgenkuchen servierte. Denn auch das sozusagen vor der Haustür wachsende **Obst** spielt eine große Rolle in der Mainzer Küche. In Drais und Finthen liefern riesige, zum Teil künstlich bewässerte Plantagen Äpfel und Kirschen, Birnen und Aprikosen, Zwetschgen und Beeren aller Art, die zu Marmelade oder Gelee gekocht oder zu Kuchen oder Pfannkuchen verbacken werden. Besonders berühmt ist die **Latwerge**, auf Mainzerisch Latwersch genannt: ein zu steifem Brotaufstrich gekochtes Zwetschgenmus.

Fleisch gab es früher weniger. In der Regel war es nur eine Beilage zu Kartoffeln. Ein Braten kam nur an Sonn- und Festtagen auf den Tisch, wurde nur an Fastnacht und Kirchweih, Kerb heißt sie in Mainz, geschlemmt. Allen Kalorienzählermentalitäten zum Trotz ist die Mainzer Küche bis heute derb und herzhaft. Dazu gehören einfache Suppen, Blut- und Leberwurst in allen Varianten, Klöße und Kraut. Als winterlichen Sonntagsbraten schätzt man **Dippehas**, ein in einem gußeisernen Topf zehn bis zwölf Stunden lang geköchelter Wildhase.

Eine Delikatesse sind auch die von der heimischen Gastronomie neu entdeckten **Kalbs- oder Schweinebäckchen**, die als Schmorgerichte serviert werden.

Am meisten wird Mainz mit Fleischwurst und Handkäs' in Verbindung gebracht oder auch mit dem sogenannten **Spundekäs'**, den es fast in jeder Weinwirtschaft gibt. Er steht vor allem als Zwischenmahlzeit hoch im Kurs und wird in der Regel mit kleinen Salz- oder Laugenbrezeln aufgetischt. Traditionell besteht der „Meenzer Spundekäs'" aus einer Mischung aus gehackten oder in Ringe geschnittenen Zwiebeln, Butter, Salz und Quark, die mit saurer Sahne verrührt und gern auch mit einer Prise Paprikapulver verfeinert werden. Auch Knoblauch, Kümmel, Senf oder Kapern werden hin und wieder beigemischt.

Nicht minder populär ist der **Handkäs'**, ein fettarmer und eiweißreicher Sauermilchkäse. Heute wird er meist maschinell hergestellt. In Mainz wird der Handkäs' traditionell „mit Musik" serviert: einer Marinade aus Zwiebeln, Essig und Öl, Pfeffer und Salz, die man natürlich auch mit Oregano, klein geschnittenen Oliven, fein gewürfelten Paprikaschoten und kleinsten Dörrfleischstückchen verfeinern kann. Angeblich, so erzählen die Mainzer, erinnere der Name „Musik" an die Symphonien aus Magen und Darm, welche die Verdauung des Käses häufig begleiten. Spitzengastronomen servieren den Handkäs' übrigens inzwischen auch als Carpaccio oder Tatar zu feinstem Bauernbrot.

Am besten passt zu den Mainzer Käsespezialitäten ein **Schoppen**: ein

Glas Wein, der früher aus dem Rheingau, heute meist aus Rheinhessen stammt. Er wird traditionell in der **Mainzer Stange** ausgeschenkt, einem dünnwandigen Weinglas mit einem Fassungsvermögen von 0,4 Litern. Menschen, die besonders gern einen Schoppen trinken, gelten im Volksmund als „Schoppestecher“. An der Schillerstraße hat man ihnen sogar ein kleines Denkmal gesetzt.

Empfehlenswerte Restaurants

33 [E5] **Al Cortile** €€, Kartäuserstr. 14, Tel. 06131 617878, www.alcortile.de, tgl. 11.45–15 und 18–24 Uhr. Beliebter Altstadt-Italiener mit schönem Innenhof. Traditionelle Cucina Casalinga, italienische Hausmannskost vom Feinsten.

34 [D5] **Am Bassenheimer Hof** €€€, Acker 10, Tel. 06131 237357, www.ambassenheimerhof.de, Mo.–Sa.18 –24 Uhr. Versteckt gelegenes Restaurant mit Bistro im Untergeschoss. Kleine Karte, große Küche.

35 [E4] **Fisch Jackob** €€, Fischtorstr. 7, Tel. 06131 229299, www.fischjackob.de, Mo.–Do. 11–14.30, Fr./Sa. 11–15 und 17–21 Uhr. Mainzer Fischrestaurant mit großer Auswahl. Nicht nur freitags eine gefragte Adresse im Domschatten.

36 [C1] **Geberts Weinstuben** €€, Frauenlobstr. 94, Tel. 06131 611619, www.geberts-weinstuben.de, Mi.–So. 11.30–15 und 18–24 Uhr. Gehobene Regionalküche in der Mainzer Neustadt. Saisonal bedingte Speisekarte. Große Auswahl an Eisweinen.

37 [C6] **Heinrichs – Die Wirtschaft** €-€€, Martinsstr. 10, Tel. 06131 9300661, www.heinrichs-die-wirtschaft.com, Di.–Sa. 12–14, Mo.–Sa. 18–22.30 Uhr. Viel gelobte regionale Küche. Zu den Rennern zählt die Tafelspitzbrühe mit Maultaschen, aber auch in Spätburgunder geschmorte Kalbsbäckchen.

Preiskategorien

Die Preiskategorien beziehen sich auf den Preis für ein Dreigangmenü ohne Getränke.

€	bis 20 €
€€	20–40 €
€€€	ab 40 €

38 [E4] **Hintz & Kuntz** €-€€, Fischtorstr. 1, Tel. 06131 1444707, www.hintzundkuntz.de, So.–Do. 10–24, Fr./Sa. 10–1 Uhr. Viel besuchtes Restaurant im Domschatten mit großer Außenterrasse. Regional inspirierte, einfache Küche. Mütter können im Gastraum problemlos ihre Kinder stillen!

39 [D6] **La Gallerie** €€-€€€, Gaustr. 29, Tel. 06131 6969414, www.lagallerie-mainz.de, Di.–Sa. 11.30–14.30 und 18–23.30 Uhr. Gehobene Küche mit ausgezeichneten Weinen. Relativ preiswerter, täglich wechselnder Mittagstisch!

40 [C3] **Laurenz** €€-€€€, Gartenfeldstr.9, Tel. 06131 2168660, www.laurenz-mainz.de, So.–Do.17–1, Fr./Sa. 17–2 Uhr. Viel gelobtes Restaurant und Weinbar in der Neustadt. Gehobene Küche wie die Brust vomSchwarzfederhuhn oder Porchetta vom Duroc-Schwein. Die Weine aus der zum Betrieb gehörenden Vinothek können gegen einen Aufpreis von 10 € (Korkgeld) gleich im Restaurant getrunken werden.

41 [di] **Restaurant Bootshaus** €€, Victor-Hugo-Ufer 1, Tel. 06131 1438700, www.bootshausmainz.de, Mo.–So. 11–23 Uhr. Direkt am Rheinufer gelegenes Lokal. Vor allem im Sommer wegen der großen Terrasse eine gefragte Adresse!

42 [ai] **Steins Traube** €€-€€€, Poststr. 4, Tel. 06131 40249, www.steins-traube.de, Mi.–So. 11.30–14, Di.–So. 18–22 Uhr. Familiengeführter Traditionsbetrieb im Vorort Finthen. Gutbürgerliche Regionalküche.

KURZ & KNAPP

Weck, Worscht un' Woi: das Mainzer „Nationalgericht"

Traditionell besteht das typischste Mainzer Gericht aus einem Stück **Fleischwurst,** einem **Paarweck** („Doppelbrötchen") und einer Flasche **Wein.** Eingefleischte „WWW-Esser", heißt es in Mainz, benötigen übrigens kein Essbesteck, allenfalls ein Messer zum Entfernen der Wursthaut und einen Korkenzieher.

43 [E5] **Zum Goldstein** €€, Kartäuserstr. 3, Tel. 06131 236576, www.zum-goldstein.de, Mo.–Fr. 17–23, Sa./So. 12–23 Uhr. Restaurant und Biergarten inmitten der Altstadt, klassische deutsche Küche, meist junges Publikum.

44 [E5] **Zur Kanzel** €€–€€€, Grebenstr. 4, Tel. 06131 237137, www.zurkanzel.de, Mo.–Fr. 17–1, Sa. 12–16 und 18–1 Uhr. Traditionsreiches Restaurant in Domnähe, das auch spät nachts noch etwas auf den Teller zaubert.

Für den kleinen Hunger und den kleinen Geldbeutel

Machen Sie es doch mal den Mainzern nach, die mittags eine der Innenstadt-Metzgereien oder die Fleischereistände auf den Wochenmärkten ansteuern. Fast alle haben das Mainzer Nationalgericht, die **Fleischwurst,** im Angebot. Traditionell kommt sie mit einem Weck (Brötchen) auf den Tisch, warm oder kalt, mit oder ohne Senf. Bei der Fleischwurst handelt es sich um eine Brühwurst ohne Einlage, die auch als Lyoner bekannt ist und gern in den Wurstsalat geschnippelt wird. Bei diversen nationalen Tests haben die **Mainzer Metzger** immer wieder überdurchschnittlich gut abgeschnitten, z. B. folgende:

45 [D4] **Metzgerei Erwin Riechardt,** Klarastr. 18, Tel. 06131 223298, www.riechardt.de, Mo.–Fr. 8–18, Sa. 8–13 Uhr

46 [C3] **Metzgerei Frankenberger,** Schießgartenstr. 9, Tel. 06131 223186 www.metzgerei-frankenberger.de, Mo., Di., Do., Fr. 7.30–18, Mi. 7.30–14, Sa. 8–13 Uhr

47 [D4] **Stadtmetzgerei Schmidt,** Klarastr. 2, Tel. 06131 223089, www.feinschmeckerbistro.de, Öffnungszeiten Bistro: Mo.–Fr. 8–15, Sa. 8–16 Uhr

48 [D5] **Dicke Lilli, gutes Kind,** Breidenbacher Str. 9, Tel. 06131 4877080, www.dickelilliguteskind.de, Mo.–Fr. 9–19, Sa./So. 10–19 Uhr. Lilli Palmers Lebenserinnerungen lieferten den Namen für das Bistro im Vintage-Stil. Frühstück und Mittagstisch, später am Tag auch gut zum Abhängen geeignet!

49 [B2] **Gasthof Grün,** Leibnizstr. 27/29, Tel. 06131 9087600, www.gasthofgruen.de, Mo.–Fr. 9–18, So. 9.30–18 Uhr. Café-Restaurant in der Neustadt mit reichhaltigem Frühstücksbüfett und täglich wechselndem Mittagstisch, bei dem auch Vegetarier auf ihre Kosten kommen.

50 [D5] **Gutleut,** Ludwigsstr. 4, Tel. 06131 9012678, www.gutleut-mainz.de, Mo.–Di. 17–24, Mi./Do. 17–2, Fr./Sa. 17–4 Uhr. Kleine Tagesgerichte, Kaffee und Kuchen – und Cocktails. Zum Angebot gehören auch Ausstellungen und Konzerte.

51 [B2] **HA NOI,** Leibnizstr. 46, Tel. 06131 6932395, Mo.–Fr. 11.30–15 und 17.30–23.30, Sa./So. 17.30–23.30. Ein einfaches, familiengeführtes vietnamesisches Restaurant mit sehr gutem Preis-Leistungs-Verhältnis in der Neustadt.

52 [D4] **Le cèdre du Liban,** Emmeransstr. 35, Tel. 06131 236697, Mo.–Sa. 11–21 Uhr. Libanesische Küche zu

094mz Abb.:gs

unschlagbaren Preisen mit viel Gemüse, Reis und Lammfleisch. Für 6 € wird man hier satt!

53 [E6] **Oma Else,** Jakobsbergstr. 12, Tel. 06131 5530476, www.oma-else.de, Mo.-Sa. 10-1, So. 10-15 Uhr. Eckkneipe im Vintage-Stil mit meist jungem Publikum und inmitten der Altstadt. Frühstück, Mittagstisch und Abendessen à la carte.

54 [bh] **Red Chilli,** Am Judensand 3, Tel. 06131 5702652, www.redchilli-thai.de, So.-Fr. 12-15 und 18-24, Sa. 18-24 Uhr. Außerhalb der Innenstadt gelegenes Thai-Restaurant mit guter Küche in entsprechendem Ambiente, Sommerterrasse.

55 [B3] **Schrebergarten,** Kurfürstenstr. 9, Tel. 06131 6937740, www.schrebergartenmainz.de, Mo.-Fr. 11.30-20.30, Sa./So. 12-20 Uhr. Vegetarisch-veganer Imbiss in der Neustadt. Spezialität sind Kumpir, große, im Ofen gebackene Kartoffeln – mit vegetarischer Füllung. Außerdem Salate und Suppen.

Gastro- und Nightlife-Areale
Bläulich hervorgehobene Bereiche in den Karten kennzeichnen Gebiete mit einem dichten Angebot an Restaurants, Bars, Klubs, Discos etc.

56 [D4] **Souperie,** Große Langgasse 6, Tel. 06131 9726787, www.souperie.de, Mo.-Do. 11-19, Fr. 11-18, Sa. 11-17 Uhr. Täglich wechselnde Suppen. Spezialität und immer im Angebot ist der Linseneintopf. Alle Suppen unter 5 €!

Biergärten (nur im Sommer)

57 [D2] **Eulchen Schlossbiergarten,** Peter-Altmeier-Allee 1 (Zugang über Große Bleiche), Tel. 06131 4987097, www.eulchen-bier.de, Mo.-Sa. 16-23, So. 14-21 Uhr. Bier vom Fass und kulinarische Kleinigkeiten, leider nur in den Sommermonaten.

58 [G6] **Mole am Winterhafen,** Victor-Hugo-Ufer, Tel. 06131 90688100, Mo.-Sa. 11-23, So. 10-22 Uhr. Kühle Drinks und neu interpretierte Klassiker wie Bratwurst, außerdem Streetfood.

59 [F5] **Rheinkanzel – Hyatt Biergarten,** Templerstraße 6, Tel. 06131 7311537, www.mainz.regency.hyatt.de, Mo.-Fr. ab 16, Sa. ab 15, So. ab 12 Uhr. Beliebter Abendtreff am Rheinufer, ca. 120 Plätze, Bier vom Fass, regionale Weine. Gruppen ab 10 Personen können ihr eigenes Barbecue veranstalten.

Streetfood und kühle Drinks bietet die Mole am Winterhafen an

EXTRATIPPS

Für den späten Hunger

60 [D3] **café blumen,** Große Bleiche 60-62, Tel. 06131 4944412, www.cafe-blumen.de, Mo.-Di. 8-4, Mi., Fr. 8-6, Do. 8-5, Sa. 9-6, So. 10-21 Uhr. Suppen, Salate und Paninis, dazu leckere Kuchen. Auch am frühesten Morgen oder spätesten Abend muss keiner Hunger leiden!

Lecker Vegetarisch

61 [B3] **Möhren Milieu** €, Adam-Karrillon-Str. 5, Tel. 06131 8900842, www.moehren-milieu.de, Di.-Sa. 10-20, So. 10-18 Uhr. Rohkost-Paradies in der Neustadt für Vegetarier, Veganer und Neugierige. Kleiner Laden mit Naturprodukten und Außenterrasse im Sommer.

62 [C4] **Salute Salate** €, Mittlere Bleiche 16. Tel. 06131 2159207, www.salutesalate.de, Mo.-Fr. 11.30-22, Sa. 16-23 (Küche bis 21.45) Uhr. Selbstbedienungsbüfett mit Salaten, Fingerfood, Kuchen und anderen Desserts - alles gluten- und laktosefrei. Empfehlenswerte Wochenkarte mit preiswerten Tagesgerichten.

Essen mit Aussicht

63 [F3] **Bastion von Schönborn** €€, Rheinufer 12, www.bastion-von-schoenborn.de, Tel. 06134 210860, tgl. 11-24 Uhr (warme Küche bis 22 Uhr). Restaurant und Gartenwirtschaft direkt am Fluss im rechtsrheinischen Kastel, mit tollem Mainz-Blick. An lauen Sommerabenden Szenetreff!

Dinner for one

64 [F5] **Bellpepper** €€€, Templerstr. 6, Tel. 06131 7311537, www.bellpepper.de, Frühstück 6.30-10.30 (Sa./So. bis 11), Mo.-Sa. Lunch 12.30-14.30, So. Brunch 12.30-14.30 Uhr, Dinner: Mo.-Do. 18.30-22, Fr./Sa. 18.30-22.30, So. 18.30-21.30 Uhr. Restaurant am Rheinufer mit internationaler Küche. Schickes Ambiente und große Weinkarte. Dienstagabends viergängiges Überraschungsmenü mit korrespondierenden Weinen - ein ungezwungener Rahmen, um beim Prosten neue Kontakte zu knüpfen. Das geht auch sonntagabends gut, wenn jeder Gast seinen eigenen Wein mitbringen darf. BYO - „Bring your Own wine" - sagt man dazu auf Neudeutsch.

Essen in Mensa und Kantine

Viele Mainz-Bummler wissen es nicht - oder trauen sich nicht: Mensen und Kantinen bieten oft gutes und preiswertes Mittagessen.

65 [A1] **Casino im Polizeipräsidium,** Valenciaplatz 2, Tel. 06131 653090, www.horvath-gastronomie.com, Mo.-Do. 7-15.30, Fr. 7-14 Uhr. Tgl. wechselnder Mittagstisch, Tagessuppen und großes Salatbüfett.

66 [C4] **Kantine im Finanzamt Mainz-Mitte,** Schillerstr. 13, Tel. 06131 2510, Mo.-Mi. 8-16, Do. 8-18, Fr. 8-13 Uhr. Wochentags wechselnde Mittagsgerichte unter 7 €, vom Alaskafilet bis zur Schweinshaxe.

67 [E4] **Kantine im Rathaus,** Jockel-Fuchs-Platz 1, Tel. 06131 4864973, Mo.-Fr. 7.30-10.30, Mo.-Do. 12-14, Fr. 12-13.30 Uhr. Kantine im obersten Stockwerk mit immer wechselndem Mittagstisch zwischen 5 und 6 €, klassisch und vegetarisch.

68 [bi] **Zentralmensa Uni Mainz,** Staudingerweg 15, Tel. 06131 924993, www.studierendenwerk-mainz.de, Mo.-Fr. 11.30-14.20 Uhr. Wechselnde Gerichte, auch vegetarische. Tagessuppen gibt es schon ab 0,65 €. Speisepläne auch online!

015mz Abb.: gs

Cafés und Eissalons

69 [B3] **annabatterie,** Am Gartenfeldplatz 2, www.annabatterie.de, tgl. 10–20 Uhr. Populäre Location im Vintage-Stil in der Mainzer Neustadt und mit meist jungem Publikum. Selbstgemachte Ingwerlimonade und Paninis, Selbstbedienung!

70 [E4] **Café Dinges,** Mailandsgasse 2–6, Tel. 06131 227833, www.cafedinges.com, Di.–Sa. 8–18, So. 10–18 Uhr. Café in Domnähe mit Außenterrasse. Großes Frühstücksangebot und selbst gemachte Kuchen und Torten.

71 [D4] **Café Gerster,** Klarastr. 19, Tel. 06131 226033, Mo.–Fr. 9–18, Sa. 9–14 Uhr. Familiäres Kaffeestübchen, in dem die Zeit stehen geblieben ist. Älteres Publikum, das hausgemachte Kuchen wie die Linzer Torte schätzt.

72 [E4] **Dom-Café,** Markt 12–16, Tel. 06131 222365, http://domcafemainz.de, Mo.–Fr. 8.30–18.30, Sa. 8.30–18 Uhr. Mainzer Traditionscafé am Eingang zum Dom. Täglich hausgemachte Kuchen, aber auch Suppen. Im Sommer mit schöner Außenterrasse.

73 [B3] **Hygge,** Rhabanusstr. 13, http://facebook.com/hyggeinmainz, Di.–So. 10–19 Uhr. Café in Bahnhofsnähe in skandinavisch-minimalistischem Stil. Besonders viel Lob finden die leckeren Zimtschnecken.

74 [B2] **N'Eis,** Gartenfeldplatz 12. Tel. 06131 4870677, www.n-eis.de, Mo.–Sa. 11–20, So. 13–18 Uhr. Populärer Mainzer Eisladen, der am Rheinufer gegenüber dem Hyatt-Hotel eine Zweigstelle unterhält.

75 [A3] **Nelly's Frühstückslust,** Josefstr. 5a, Tel. 06131 8856036, www.nellys-mainz.de, Mo.–Sa. ab 9, So. ab 10 Uhr. Szenecafé in der Mainzer Neustadt. Mulitkultipublikum, das Selbstgebackenes zu schätzen weiß, WLAN.

76 [C2] **Neustadt-Apotheke,** Frauenlobplatz 5, Tel. 06131 2111976, www.neustadt-apotheke-mainz.de, So.–Do. 10–1, Fr./Sa. 10–2 Uhr. Café und Bar in einem. Frühstück, Lunch und Kaffee mit Kuchen, abends Cocktails oder hausgemachte Limonaden. Gefragt sind die leckeren Kuchen und die Brotaufstriche wie Spinat-Feta oder Rote-Bete-Meerrettich.

Der tolle Blick von der Bastion von Schönborn (s. S. 90) auf Mainz

Mainz am Abend

Langeweile kommt in Mainz auch abends nie auf. Das Angebot reicht vom Orchesterkonzert bis zur Discosause, vom Rockevent bis zum Kleinkunstabend, vom klassischen Ballett bis zum Free Jazz. Sogar eine Spielbank, in der neben Automatenspielern vor allem die Freunde von Roulette, Black Jack und Poker auf ihre Kosten kommen, hat die Stadt zu bieten. Und für Theaterliebhaber gibt es gleich mehrere Bühnen – allen voran das Staatstheater, ein Mehrspartenhaus, das in den letzten Jahren mit vielen Inszenierungen, darunter auch Erstaufführungen, von sich reden gemacht hat.

Häufig gibt es **Livekonzerte** oder **Comedy-Abende** und mit der Rheingoldhalle und dem Frankfurter Hof verfügt Mainz über zwei beliebte **Veranstaltungsarenen** in der Innenstadt. Außerdem lockt in den Sommermonaten ein **Open-Air-Programm** mit internationalen Stars. Elton John ist hier ebenso gern zu Gast wie Bob Dylan oder andere Titanen der Popszene. Wer in der fünften Jahreszeit kommt, sollte in einer **Karnevalssitzung** echte Mainzer Lebensfreude genießen. Der närrische Funken zündet zum Jahresanfang übrigens auch in vielen kleinen und großen Kneipen.

Bekannt ist Mainz auch für seine **Kleinkunstszene.** Mit Lars Reichow, Tobias Mann und Sven Hieronymus kommen gleich drei Comedians mit inzwischen nationaler Reputation aus der Stadt. Und mit dem unterhaus, das Jahr für Jahr den renommierten „Deutschen Kleinkunstpreis" vergibt, verfügt die Stadt über eine fast ganzjährig bespielte Bühne für Kabarettisten, Chansonniers, Comedians, Liedermacher oder auch Pantomimen.

Für abendliche Geselligkeit sorgen zu Semesterzeiten die vielen Tausend **Studenten.** Traditionelle Ausgehtage sind Freitag und Samstag, aber auch Mittwoch und Donnerstag stehen ihnen inzwischen kaum noch nach. Und wie in allen größeren Städten geht auch in Mainz die Post meist erst nach Mitternacht so richtig ab. Partyzentrum ist die **südliche Alt-**

Smoker's Guide

Die verschärften **deutschen Rauchergesetze** gelten selbstverständlich auch in Mainz. Sie erlauben das Rauchen nur in bestimmten und entsprechend ausgewiesenen Räumen. Ausgewiesene **Rauchertreffpunkte** in der Innenstadt sind:

77 [D5] **Zur Andau** €, Gaustr. 77, Tel. 06131 231586, www.zurandau.de, Mo.–Do. 11–1, Fr., Sa. 11–2, So. 18–1 Uhr, WLAN. Stadtbekannte Kneipe am Schillerplatz mit Fassbier und einfachen Speisen wie Suppen, Mettbrötchen oder hausgemachten Frikadellen. Raucher haben in einem Hinterzimmer ihr eigenes Plätzchen.

78 [E5] **Domsgickel**, Grebenstr. 16, Tel. 06131 221211, www.kneipe-domsgickel.de, So.–Do. 17–1, Fr.–Sa. 17–2 (Küche bis 23.30) Uhr. Fußballkneipe mit meist jungem Publikum, gelegentlich Livekonzerte.

79 [C4] **Zeitungsente,** Neubrunnenstr. 7, Tel. 06131 222728, www.zeitungsente-mainz.de, tgl. ab 11 Uhr. Frisch gezapftes Bier und Wein, dazu Sushi oder Pizza, die aus den benachbarten Restaurants geliefert werden. Große Außenterrasse in einer Fußgängerzone.

stadt, wo die Feierlaune nicht selten feucht-fröhlich ist und Burschen und Mädchen auch gern ihren Abschied vom Junggesellenleben feiern. An den Sommerwochenenden „steppt der Bär“ auch gern am **Rheinufer**, wo man sich zum Grillen trifft. Übrigens: Für alle Nachtschwärmer verkehren am Wochenende spezielle Nachtbusse, die freitags und samstags bis in die ersten Morgenstunden unterwegs sind.

Im Sommer lädt die Stadt zu **kostenlosen Freiluft-Veranstaltungen.** „Mainz lebt auf seinen Plätzen“ heißt eine Reihe, die im Sommer Rock- und Popgruppen, klassische Orchester und Chöre, Zauberer, Tänzer, Liedermacher, Comedians und andere Unterhaltungskünstler präsentiert.

Eine gläserne Kuppel krönt das Mainzer Staatstheater am Gutenbergplatz

Theater, Konzerte, Casino

- •**80** [bh] **Alte Lokhalle Mainz**, Mombacher Str. 78–80, Tel. 5703031, www.lokhalle-mainz.de. Veranstaltungshalle am Stadtrand. Buchmessen finden hier ebenso statt wie Maskenbälle und Abi-Feiern.
- **81** [E6] **Die Kulturei**, Zitadellenweg, Tel. 0151 50127591, www.diekulturei.de, Kulturort in der Zitadelle (s. S. 41). Konzerte, Ausstellungen, Lesungen uvm.
- **82** [E5] **Frankfurter Hof**, Augustinerstr. 55, Tel. 06131 220438, www.frankfurter-hof-mainz.de. Bekannter Veranstaltungssaal inmitten der Altstadt. Im Angebot sind Kunst und Kultur in allen Variationen.
- •**83** [bh] **Halle 45**, Hauptstr. 17–19, Tel. 06131 5542290, www.halle45.de. Früher wurden hier Panzer gefertigt, heute ist die ehemalige Fabrikhalle in Mombach Ort für Veranstaltungen aller Art.
- **84** [D3] **M8-Club**, Mitternachtsgasse 8, Tel. 06131 228442, www.m8-mainz.de.

098mz Abb.: gs

EXTRATIPP

unterhaus – Kleinkunst mit Tradition

Auf zwei Bühnen wird im Mainzer unterhaus fast das ganze Jahr über Programm gemacht. Kabarettisten, Comedians, Kleindarsteller, Artisten, Gesangsgruppen, Chansonniers und Travestiekünstler geben sich hier die Klinke in die Hand, bekannte und weniger bekannte Künstler, für deren Qualität die Programmgestalter des unterhauses bürgen. So ist die **Kleinkunstbühne** unweit des Schillerplatzes längst eine international bekannte Institution!

Schräg gegenüber, auf dem Romano-Guardini-Platz, findet sich der „Walk of Fame des Kabaretts", auf dem viele unterhaus-Gäste verewigt sind. Viele Dutzend in den Boden eingelassene Metallsterne erinnern an die Großen des Genres: von Werner Fink bis Claire Waldoff, von Karl Valentin bis Gerhard Polt. Zu den Stiftern der Plaketten gehören Privatpersonen, Gewerkschaftsvorsitzende, Bundeskanzler, Oberbürgermeister oder Fernsehintendanten, aber auch Institutionen wie Rundfunkanstalten oder Banken.

90 [C5] **unterhaus,** Münsterstr. 7, Tel. 06131 232121, www.unterhaus-mainz.de, Kartenbestellung auch online möglich

Livemusikklub im städtischen Haus der Jugend. Bühne für junge Musiker.

85 [F5] **Mainzer Kammerspiele,** Rheinstr. 4 (Fort Malakoff Park), Tel. 06131 225002, www.mainzer-kammerspiele.de. Privattheater mit großem Repertoire. Ca. 200 Veranstaltungen im Jahr: Erstaufführungen, hochklassige Festivals und Sondergastspiele.

86 [E4] **Ramon-Chormann-Theater,** Rheinstr.48, Tel.06131 5401515, www.chormann.de. Kleines Privattheater des Pfälzer Entertainers neben dem Rathaus.

•**87** [E4] **Rheingoldhalle,** Rheinstr. 66, Tel. 06131 2420, www.mainz-congress.com. Größte Mainzer Veranstaltungshalle am Rheinufer. Auf dem Programm stehen Messen, Konzerte und Tagungen aller Couleur – von der Tattoo-Messe bis zum Musical.

•**88** [E4] **Spielbank Mainz,** Rheinstr. 59, Tel. 06131 97100, www.spielbank-mainz.de, tgl. 15–3 Uhr (klassisches Spiel), 12–4 Uhr (Automatenspiel). Klassisches Spielcasino gegenüber der Rheingoldhalle mit gut 200 Spielautomaten der neuesten Generation.

89 [D4] **Staatstheater Mainz,** Gutenbergplatz 7, Tel. 06131 2851222, www.staatstheater-mainz.com. Renommiertes Theater, das gleich auf mehreren Bühnen in mehreren Spielstätten ein vielseitiges Programm bietet. Im Angebot: Schauspiel, Musical, Operette, Oper, Ballett, Jugend- und Kindertheater. Bei Opern in Originalsprache deutsche Übertitel.

Hausbrauereien

Viele Dutzend Brauereien zählte die Weinstadt Mainz einst. Mit dem Aufkommen der Großbrauereien verschwanden dann die kleinen Braustätten. Inzwischen hat Mainz aber wieder eigene Hausbrauereien.

Eisgrubbräu heißt die älteste, die Bier aus ökologischen Zutaten braut und ausschenkt. Früher diente sie als Eiskeller der Stadt, der mit der Erfindung der elektrischen Kühlung aber ausgedient hatte. Gebraut werden ein helles Märzen und ein Schwarzbier. Zum Bier serviert das Eisgrub deftige Spezialitäten wie Schweinshaxen. Letztere gibt es auch auf der anderen

Altstadt-Idylle an einem Sommerabend: Restaurants und Weinlokale laden zum Tafeln im Freien ein

016mz Abb.: gs

Rheinseite im **Brauhaus Castel,** das 1990 im Stil bayerischer Brauhäuser mit großem Biergarten eingerichtet wurde. Hier feiert man Märzenbier- und Maibockanstich und ein großes Oktoberfest mit Blasmusik.

Das unfiltrierte und naturtrübe helle oder dunkle Bier wird aus frischem Taunus-Quellwasser, Tettnanger Doldenhopfen und ausgesuchtem Malz gebraut und kann auch in Flaschen, Kästen und Fässern mit nach Hause genommen werden. **Rheinhessen-Bräu** nennt sich die dritte Mainzer Hausbrauerei im Stadtteil Ebersheim. Peter und Christian Karl brauen dort ein helles und ein dunkles Bier und dazu ein Weizen. Außerdem gibt es je nach Jahreszeit ein Mai- und ein Winterbock sowie ein Frühlingsweizen.

91 [dh] **Brauhaus Castel,** Otto-Suhr-Ring 27, Mainz-Kastel, Tel. 06134 24999, www.brauhaus-castel.de, Mo.–Do. 11–23, Fr./Sa. 11–24, So. 10–23 Uhr. Das rustikale Brauhaus mit großem Biergarten bietet warme Küche und zieht internationales Publikum an.

92 [E6] **Eisgrubbräu,** Weißliliengasse 1a, Tel. 06131 221104, www.eisgrub.de, So.–Do. 11.30–24, Fr./Sa 11.30–1 Uhr. Gasthausbrauerei in der Altstadt. 180 Sitzplätze im historischen Gewölbe, 50 auf der Terrasse. Morgens Frühstücksbüfett.

93 **Rheinhessenbräu,** Reiterweg 7, Mainz-Ebersheim, Tel. 06136 763642, http://rheinhessen-braeu.de, Verkauf im Sudhaus: Mo., Mi., Fr. 17–18.30, Sa. 10–12 Uhr. Kleines Brauhaus in Ebersheim, das nach Anmeldung auch Führungen mit Probeverkostung anbietet.

Weinstuben

94 [D4] **Haus des Deutschen Weines,** Gutenbergplatz 3, Tel. 06131 221300, www.hdw-gaststaetten.de, tgl. 10–24 Uhr. Riesiges Weinangebot aus fast allen deutschen Weinbauregionen, kalte und warme Speisen, Außenterrasse.

95 **Weinhaus Hof Ehrenfels,** Grebenstr. 5–7, Tel. 06131 9712340, www.hof-ehrenfels.de, tgl. ab 12 Uhr. Alte Weinstube mit schönem Außenbereich samt Domblick. Traditionelle Küche, einfache Weine.

96 [F6] **Weinhaus Zum Beichtstuhl,** Kapuzinerstr. 30, Tel. 06131 5538111, www.zumbeichtstuhl.com, Mo.–Sa. 16–24 Uhr. Urige Weinstube inmitten der Altstadt. An den langen Holztischen kommt jeder schnell in Kontakt mit den Einheimischen. Auf dem Speisezettel steht modern interpretierte Hausmannskost.

97 [E5] **Weinstube Hottum,** Grebenstr. 3, Tel. 06131 223370, www.weinstube-hottum.de, tgl. ab 16 Uhr. Kleine Mainzer Weinstube, in der man schnell Kontakt zu den Einheimischen findet.

98 [E6] **Weinstube Lösch,** Jakobsbergstr. 9, Tel. 06131 220383, www.wein stube-loesch.de, Di.–Fr. 15–24, Sa. 14–24, So. 14-23 Uhr. Rheinhessische und Rheingauer Weine, serviert im traditionellen Stangenglas. Speisen vom Schmalzbrot bis zum Schweineschnitzel.

99 [E4] **Weinstube Rote Kopf,** Rotekopfgasse 4, Tel. 06131 231013, www.rotekopf.de, Mo.–Sa. 11.30–24 Uhr. Gemütliche Weinstube in Domnähe, zu deren Stammgästen einst auch der Schriftsteller Carl Zuckmayer zählte.

Bars, Bistros

100 [F6] **Citrus,** Rheinstr. 2, Tel. 06131 216715, www.citrus-mainz.de, So.–Do. 10–1, Fr.–Sa. 10–2 Uhr. Gestylte Szenebar in altem Gemäuer in der Südstadt, große Auswahl an Cocktails. Spezialität: hausgemachte Citruslimonade.

101 [F6] **Deja Vu,** Dagobertstr. 11, Tel. 0170 2038243, www.dejavu-mainz.de, Di.–Do. 20–3, Fr./Sa. 19–5 Uhr. Cocktailbar im Herzen der Altstadt mit großem Angebot.

102 [C4] **Dorett Bar,** Zanggasse 36, Tel. 06131 8858514, http://dorett-mainz.blogspot.de, Di.–Sa. 21–6 (Juni–Sept. ab 21.30) Uhr. Für alle Nachtschwärmer sorgen DJs hier für Unterhaltung.

› **Heilig Geist,** im Heilig-Geist-Spital 26, Tel. 06131 225757, www.heiliggeist-mainz.de, Mo.–Fr. 18–24, Sa.–So. 9–1 Uhr. Bier, Wein und feine Cocktails in einer alten Spitalkirche, im Sommer mit Biergarten vor gotischem Gemäuer.

103 [D6] **Hubert Bar,** Gaustr. 12, Tel. 06131 9725138, www.hubert-bar.de, Mi.–Do. 19–2, Fr./Sa. 20–2 Uhr. Cocktail-Klassiker und mehr im neuen Mainzer Szeneviertel.

104 [D6] **Wangenrot,** Vinothek, Am Stefansplatz 1, Tel. 06131 5539493, www.vinothek-wangenrot.de, Mi.–Sa. ab 18 Uhr. Moderne Weinbar im Schatten der Stephanskirche. 30 offene Weine im Ausschank, dazu Käse, Wurst, Salate.

Klubs, Discos und Co.

105 [D3] **50grad,** Mittlere Bleiche 40, Tel. 06131 214753, www.50grad.de., Mi., Fr.,Sa. 23–6 Uhr. Klubdisco in einem alten Heizungskeller, Black und House vom Feinsten. Mittwochs Studententreff.

106 [C4] **Alexander The Great,** Hintere Bleiche 8, Tel. 06131 2503450, http://atg-rockclub.de, Mi./Do. 20–4, Fr.–So. 21–6 Uhr. Rockklub in Bahnhofsnähe, im Keller häufig Livekonzerte. Musik von Dark bis Trash Metal und Hardrock.

107 [bh] **Bellini Club,** Rheinallee 159, Tel. 0176 29498995, Fr. 22–5, Sa. 23–6 Uhr. Musikklub im Industriegebiet des Mainzer Nordens, Musik von Reggae bis Hip Hop.

108 [C5] **Caveau,** Schillerstr. 11, Tel. 06131 226691, www.caveau.de, Mi. 22–5, Fr./Sa. 22.30–6 Uhr. Alternativer Rockklub in einem Innenstadtkeller.

Häufig Livekonzerte, Theater oder Lesungen, junges Publikum.

109 [D3] **Kulturclub schon schön,** Große Bleiche 60–62, Tel. 06131 4944411, www.schon-schoen.de, Mo.–Di. ab 21, Mi.–Sa. ab 23 Uhr. Beliebter Partytreff mit vielen Livekonzerten. Junges, studentisches Publikum.

110 [cj] **Pyramide Mainz,** Nikolaus-Kopernikus-Str. 17, Tel. 06131 6340630, www.pyramidemainz.de, Öffnungszeiten je nach Veranstaltung. Klubbar mit Panorama-Lounge. Viele Tanzveranstaltungen für die Generation 40+ wie regelmäßige Disko-Fox-Abende.

111 [C5] **Red Cat,** Emmerich-Josef-Str. 13, Tel. 06131 225656, www.redcat-club.de, Mi.–Sa. 21–6 Uhr. Nostalgische Klub-lounge in einem Gewölbekeller, Hip-Hop und Black Music.

112 [F6] **Roxy,** Holzhofstr. 7, Tel. 06131 6007580, www.myroxy.de. Fr.–Sa. 23–5 Uhr. Glamour-Disco für Gäste ab 25 Jahren. House und Black Music.

113 [C3] **Schick & Schön,** Kaiserstr. 15, www.schickundschoenclub.de, Mo.–Sa. 20–4 Uhr. Kultklub mit Plattenlegern, im Sommer auch Außenbestuhlung.

114 [F6] **Star Mainz,** Holzhofstr. 1, Tel. 06131 6007579, http://73grad.de/star, Fr.–Sa. 22–5 Uhr. Nobeldiskothek in der Südstadt.

Kino

115 [C4] **Capitol,** Neubrunnenstr. 9, Tel. 06131 2133495, www.programmkinos-mainz.de. Beliebtes Programmkino, zu dem mit dem Palatin (Hintere Bleiche 6–8) noch ein zweites Haus gehört.

116 [C5] **CinéMayence,** Schillerstr. 11, Tel. 06131 228368, www.cinemayence.de. Gesellschaftlich engagiertes Studiokino im Schönborner Hof.

117 [F6] **CineStar,** Holzhofstr. 1, Tel. 06131 2068444, www.cinestar.de. Großes Kinozentrum am Südende der Altstadt, das aktuelle Filme und Blockbuster zeigt.

Im Sommer wird in Mainz gern auch „open air“ gefeiert

019mz Abb.: gs

Mainz für Kauflustige

Wer nur zum Einkaufen auf Reisen geht, muss nicht unbedingt nach Mainz. Da ist man in Europas Metropolen besser aufgehoben. Vor allem in der Mainzer Altstadt findet man aber viele kleine individuelle Läden, in denen man vielleicht das eine oder andere Mitbringsel entdeckt. Allerdings sollte sich niemand vom romantischen Ambiente blenden lassen, gute Ware hat ihren Preis!

Mehr als 150 große und kleine **Fachgeschäfte** findet der Besucher in der Innenstadt, wo sich mit Römerpassage, Galeria Kaufhof und Brand-Zentrum auch alle großen **Einkaufszentren** befinden. Zu den wichtigen **Shoppingmeilen** zählen Schusterstraße, Große Bleiche, Schiller- und Ludwigsstraße, dazu die Lotharpassage und ein paar kleine Fußgängerzonen.

Zwischen Rathaus 25 und Dom 1 befindet sich die meist frequentierte Shoppingmeile der Stadt, das **Einkaufszentrum Am Brand.** Hier sind textile Markenläden wie Peek & Cloppenburg oder Zara, ein großer Elektrofachmarkt und viele weitere Geschäfte angesiedelt. Die Ladengalerie entstammt der Zeit, als auch das Rathaus neu konzipiert wurde und im Schatten des Doms die Moderne einziehen sollte. Ihren Namen hat sie von dem historischen Platz Am Brand, der schon im Mittelalter das größte Mainzer Kaufhaus beherbergte.

Individueller geht es in der Altstadt zu, entlang der **Augustinerstraße** 5 und ihren Nebengässchen. Hier trifft man auf kleine Boutiquen mit teils hochwertigen Accessoires, Mode- und Geschenkartikeln. Das gilt auch für die **Gaustraße** 12, die kleine Einzelhändler zu neuem Leben erweckt haben.

Geld sparen lässt sich beim **Werksverkauf.** Dazu laden u.a. die Firma Werner & Mertz, einer der größten deutschen Hersteller von Reinigungs- und Waschmitteln, die Firma Schott als Fabrikant hochwertiger Glasartikel (Schott Zwiesel) und einer der weltgrößten Brezel-Fabrikanten, die Firma Ditsch.

Spätestens wenn es darum geht, den Lieben zu Hause etwas mitzubringen, hat man die Qual der Wahl und die fällt in Mainz nicht leichter als anderswo. Ein paar Läden können bei der **Souvenirsuche** aber besonders punkten. Dazu zählt der **Gutenberg-Shop**, der unter anderem Mini-Ausgaben von Werken der Weltliteratur im Angebot hat. Zu den Offerten gehören auch Nachdrucke verschiedenster Bibelseiten in handgefertigten Goldrahmen, Plakate, Postkarten oder ein Radiergummi mit Mainz-Wappen.

Interessante Bücher und andere Geschenke gibt es auch im **Shop des Landesmuseums Mainz** 18, das u.a. alte Schmuckstücke als Repliken anbietet. Eine gute Souveniradresse ist auch das **ZDF** 30, das nicht nur auf dem Lerchenberg, dem Sitz der Anstalt, sondern auch im Schatten des Doms einen eigenen Shop für alle Freunde der Mainzelmännchen unterhält: Vom Brettspiel bis zur iPhone-App dreht sich alles um den schlauen Det und seine Mannschaft.

Souvenirs, vor allem aus Schokolade, gibt es auch in den benachbarten Domläden, wo das **„Mainzer Lehmännchen“**, ein Honig-Kräuter-Wein,

Shoppingareale

Die wichtigsten Shoppingbereiche der Stadt sind im Kartenmaterial mit einer rötlichen Fläche markiert.

hergestellt in einer hessischen Manufaktur, an Kardinal Lehmann erinnert, den früheren Mainzer Bischof. Und der **Fußballverein Mainz 05** unterhält in seinem Stadion 29 und in einem kleinen Laden in der Innenstadt (Seppel-Glückert-Passage 16) einen Fan-Shop, der sogar einen Hundenapf mit Vereinslogo im Angebot hat.

In Mainz ist die Filialisierung des Handels noch nicht ganz so weit fortgeschritten wie in manchen anderen Städten. So finden sich immer wieder kleine **familiengeführte Geschäfte** neben den großen Filialen der Ketten. Breit gefächert ist auch das Angebot an sogenannten **Fair-Trade-Geschäften**, die die Stadt auf einer eigenen Website (http://fairtrade-stadt-mainz.de) gelistet hat. Drei Dutzend von ihnen befinden sich allein schon in der City.

Für eine gute Flasche **Wein** oder **Sekt** garantieren nicht nur die gut zwei Dutzend Mainzer Winzer, sondern auch eine kleine Sektkellerei mitten in der Stadt. Und beim Einkaufen in der Region kann „Der Mainzer – Restaurant- und Weinführer" behilflich sein, der jedes Jahr neu aufgelegt wird und mehr als 150 gute Einkaufsadressen im Mainzer Hinterland samt Weinbeschreibungen enthält.

Einkaufszentren

118 [E4] **Einkaufszentrum Am Brand (Brand-Zentrum),** Am Brand, Mo.–Sa. 10–20 Uhr. Rund zwei Dutzend Läden im modernen Ambiente – vom Textilgroßhändler Peek & Cloppenburg bis zum Elektronikriesen Saturn.

119 [D4] **Galeria Kaufhof,** Schusterstr. 41–45, Tel. 06131 2540, www.galeria-kaufhof.de, Mo.–Sa. 9.30–20 Uhr. Erlebnisshoppen auf zahlreichen Verkaufsetagen: Textilien, Lebensmittel, Schmuck, Schuhe, Leder- und Spielwaren.

120 [D4] **Römerpassage,** Adolf-Kolping-Str. 4, Tel. 06131 600710, http://roemerpassage.com, Mo.–Fr. 9.30–19.30, Sa. 9.30–18 Uhr. Rund 30 Fachgeschäfte auf rund 10.000 m² Verkaufsfläche – vom Eissalon bis zum Buchladen.

Buchhandlungen

121 [bh] **Buchhandlung Bardo Schmitt,** Breite Str. 36, Tel. 06131 6694131, www.buchhandlung-mainz.de, Mo.–Fr. 9–13 und 15–18.30, Sa. 9–13 Uhr. Kleiner Buchladen im Vorort Gonsenheim mit viel persönlichem Flair.

009mz Abb.: gs

In der überdachten Römerpassage finden sich allerlei Fachgeschäfte

122 [E4] **Buchhandlung Hugendubel,** Am Brand 33, Tel. 06131 8854488, www.hugendubel.de, Mo.–Sa. 9.30–20 Uhr. Großbuchhandlung mit einer Zweigstelle in der Römerpassage, regelmäßig Lesungen und Signierstunden.

123 [B2] **Bukafski Buchhandlung und Café,** Kurfürstenstr. 9, Tel. 06131 8845693, www.bukafski.de, Mo.–Fr. 9.30–19, Sa. 9.30–18 Uhr. Kleiner Buchladen in der Neustadt, in dem es gelegentlich Lesungen und immer auch Kaffee und Kuchen gibt.

124 [D5] **Claudius Buchhandlung,** Vordere Präsenzgasse 4, Tel. 06131 228358, claudius-buchhandlung-mainz.buchhandlung.de, Mo.–Fr. 9–18.30, Sa. 9–14 Uhr. Kleiner, inhabergeführter Buchladen in der Innenstadt mit guter Beratung.

125 [E4] **Dom-Buchhandlung Franz Stoffl,** Markt 24–26, Tel. 06131 227073, www.dombuchhandlung-mainz.de, Mo.–Fr. 9.30–18, Sa. 10–15 Uhr. Alteingesessener Buchladen mit großer Auswahl.

EXTRATIPP

Die kleinsten Bücher der Welt

Sie sind winzig und teuer: die kleinsten Bücher der Welt, die im **Gutenberg-Shop** (s. S. 101) angeboten werden. Bestseller ist ein 3,5 x 3,5 Millimeter großes Gebetbuch. Es enthält das „Vater Unser" in sieben Sprachen, ist in Leder gebunden und mit echter Goldprägung versehen. Ebenfalls im Angebot der kleinsten Bücher: Barack Obamas Antrittsrede als US-Präsident oder Gedichtbände von Goethe, Schiller, Morgenstern, Ringelnatz, Lessing und Hölderlin. Wer will, kann vorher schon einmal im Online-Shop nach den gedruckten Miniaturen stöbern!

› www.gutenberg-shop.de

Mode und mehr

126 [bh] **Anja Gockel,** Am Judensand 59e, Tel. 06131 634160, www.anja-gockel.com, Mo.–Fr. 10–19, Sa. 10–16 Uhr. Exklusive Damenmode. Die inzwischen international bekannte Designerin, eine gebürtige Mainzerin, verkauft direkt neben ihrem Atelier, sodass kurzfristig auch Änderungen möglich sind.

127 [C3] **asphaltinstrumente (Olson & Hekmati),** Neubrunnenstr. 10, Tel. 06131 4875368, www.olsonhekmati.de, Mo.–Fr. 11–19, Sa. 10–18 Uhr. Handgefertigte Longboards sind die Spezialität der Manufaktur, die auch das passende Zubehör wie Shirts, Hoodies und Beanies bietet.

128 [E5] **jas.slowfashion,** Rochustr.32, Tel. 06131 8844722, www.jas-slowfashion.de, Di., Do., Fr. 10–19, Mi. 10–16, Sa. 11–17 Uhr. Hemden und Hosen aus Bio-Baumwolle – minimalistisch und nicht ganz billig.

129 [E6] **Oxfam Shop Mainz,** Graben 2, Tel. 06131 231442, www.oxfam.de, Mo.–Fr. 10–18, Sa. 10–14 Uhr. Mainzer Zweigstelle des internationalen Secondhandladens. Großes Angebot an Textilien, deren Verkaufserlös Notleidenden zugute kommt.

Antiquitäten, Kunst und Musik

130 [E5] **Antiquitäten Herber,** Leichhofstr. 2, Tel. 06131 235533, www.antiquitaeten-herber.de, Mo.–Fr. 10–18, Sa. 10–16 Uhr. Biedermeiermöbel, Silberleuchter und -schalen, Lampen, Schmuck.

131 [C4] **Mainzer Musikalienzentrum,** Große Langgasse 1, Tel. 06131 9129990, www.bauer-hieber.com, Mo.–Fr. 9.30–18.30, Sa. 9.30–14 Uhr. Instrumente und Noten, seltene Musikaufnahmen und Ausgefallenes für den Musikliebhaber.

EXTRATIPP

Mainzer Winzertreffs

Von März bis November laden die Mainzer Winzer samstags zum **Marktfrühstück auf dem Liebfrauenplatz** [E4/5]: Im Domschatten schenkt dort fast jedes Wochenende ein anderer Betrieb seine Weine aus. Im Angebot sind Grauer Burgunder, Ortega, Bacchus, Riesling, Silvaner, Müller-Thurgau, Gewürztraminer, Dornfelder, Sankt Laurent und Scheurebe. Von Mai bis Oktober betreiben die Mainzer Winzer zudem am Wochenende einen **Weinstand** am Fischtor und natürlich sind sie auch beim **Mainzer Weinmarkt** (s. S. 106) groß vertreten.

› www.diemainzerwinzer.de

011mz Abb.: gs

Der Weinberg vor der Zitadelle 10

Souvenirs und Accessoires

132 [E4] **Gutenberg-Shop,** Liebfrauenplatz 5, Tel. 06131 227120, www.gutenberg-shop.de, Di.–Sa. 9–17, So. 11–17 Uhr. 1000 exklusive Souvenirartikel: Gutenberg-Literatur vom Kriminalroman bis zum typografischen Fachbuch. Poster, Papier, Lesezeichen, Schreibblöcke, Stempel.

133 [D5] **Fenns** Gaustrasse 67, Tel. 06131 5536326, www.fenns-manufaktur.de, Di.–Fr. 10–13 und 14–18, Sa. 10–16 Uhr. Handgemachtes wie Geldbeutel, Taschen, Handyetuis, Eierwärmer, Bettflaschen, Filzschuhe und Turnbeutel aus ökologischen Materialien wie Filz oder Schurwolle.

135 [E5] **ZDF Shop,** Schöfferstr. 6, Tel. 06131 2150956, www.zdf-shop.de, Mo.–Fr. 10–18.30, Sa. 10–17, So. 11.30–16.30 Uhr. Rosamunde-Pilcher- und Traumschiff-DVDs neben Mainzelmännchen satt. Die ZDF-Markenzeichen toben auf Tassen, T-Shirts, Schlüsselanhängern und Frühstücksbrettchen.

Wein, Sekt, Spirituosen

136 **Eva Vollmer,** Nieder-Olmer-Str.65, www.evavollmer-wein.de, Tel. 06131 46472. Mo., Di., Do. 16–19, Fr. 13–19, Sa. 9–18 Uhr. In der vierten Generation geführtes Weingut im Stadtteil Ebersheim. Ökologisch erzeugte Spitzenweine wie Riesling, Weißburgunder, Silvaner und Dornfelder.

137 [bj] **Morella Kirschmanufaktur,** Chausseehaus 1, Tel. 06131 52690, www.chausseehaus.de, Fr. 13–18 Uhr (und nach tel. Vereinbarung). In der Manufaktur im Vorort Marienborn dreht sich alles um die Morella-Kirschen, die als Säfte, Weine, Sekte, Liköre oder gar als Essig angeboten werden.

138 [C5] **Sektkellerei Goldhand,** Walpodenstr. 1 und 3, Tel. 06131 28310, www.goldhand.de, Mo.–Mi. 8–12.30 und 13–16, Do./Fr. 8–12.30 und 13–18, Sa. 10–18 Uhr. Kleine Sektkellerei mit Ladenverkauf. Spezialität ist ein Gold Cuvee: mit einem Goldlikör (22 Karat) versektete Weißburgunder-Weine.

097mz Abb.:gs

Dreimal wöchentlich lädt Mainz zum Markt auf den Domplätzen

139 [cj] **Weingut Fleischer (Weingut der Stadt Mainz),** Rheinhessenstr. 103, Tel. 06131 59797, www.weingut-fleischer.de, Mo.–Fr. 10–12 und 13–18 (Do. bis 20), Sa. 10–18 Uhr. Feine Weine aus Mainz und Rheinhessen wie im Holzfass gereifte Rotweine, aber auch Liköre, Edelbrände und Rebsortensekte.

140 [C3] **Weinraumwohnung 1,** Neubrunnenstr. 14, Tel. 06131 2154866, www.weinraumwohnung.de, Di.–Fr. 11–19.30, Sa. 10–18 Uhr. Zahlreiche Weine unter 10 € hat der kleine Laden im Angebot, vor allem Tropfen aus Rheinhessen und der Pfalz.

141 [E5] **Weinraumwohnung 2,** Jakobsbergstr. 15. Seit Sommer 2017 hat die Weinraumwohnung ein zweites Zuhause in der Altstadt – gleiche Telefonnummer, gleiche Website, gleiche Öffnungszeiten.

Werksverkauf

142 [cj] **Ditsch,** Robert-Bosch-Str. 44, Tel. 06131 9957911, www.ditsch.de, Mo.–Fr. 7–18, Sa. 8–12 Uhr. Werksverkauf des deutschen Brezel-Fabrikanten. Neben Brezeln auch Laugenstangen, Pizzen, Croissants und Rahmkuchen im Angebot.

143 **La Siesta,** Im Wiesenweg 4, Jungenheim, Tel. 06130 9119111, www.lasiesta.com, Di. und Do. 15–17 Uhr. Schöne Hängematten und -stühle – auch für Babys und Kinder.

144 [bj] **Tavoli Fachmarkt – Zwiesel Kristallglas AG,** Haifaallee 40, Tel. 06131 3339176, www.tavoli-fachmarkt.com., Mo.–Fr. 10–19, Sa. 10–17 Uhr. Hochwertiges Kristallglas und andere Glas-Erzeugnisse der Firma Schott zu Sonderpreisen, außerdem ein großes Angebot an Markenware rund um das Thema Kochen, Tischkultur und Weingenuss.

145 [bh] **Werner & Mertz,** Rheinallee 96, Tel. 06131 9642732, www.wer

ner-mertz.de, Mo./Di. 9–16, Mi., Fr. 9–12, Do. 9–17 Uhr (an Brückentagen geschlossen). Putz- und Reinigungsmittel der Marken Erdal und Frosch, aber auch Kosmetik deutlich unter Ladenpreisen!

Märkte

Wer will, der kann in Mainz jeden Tag der Woche einen anderen Markt besuchen. Am wichtigsten ist der zentrale Wochenmarkt auf den **Domplätzen**, der dreimal wöchentlich stattfindet. Zweimal in der Woche schlagen die Händler ihre Stände auf der südlichen Domseite auf, ebenfalls zweimal wöchentlich bietet ein kleiner **Biomarkt** in der südlichen Altstadt und auf dem Neubrunnenplatz seine Waren an. Einen großen **Flohmarkt** gibt es regelmäßig am Rheinufer gegenüber dem Kurfürstlichen Schloss 22. In der Regel findet er von April bis Oktober an jedem ersten und jedem dritten Samstag im Monat (7–16 Uhr) und im November und März jeden dritten Samstag im Monat (9–15 Uhr) statt.

Empfehlenswerte Wochenmärkte:

- 146 [E5] **Bio-Wochenmarkt Hopfengarten,** Altstadt, Do. 11–18 Uhr
- 147 [C4] **Bio-Wochenmarkt Neubrunnenplatz,** Altstadt, Mi. 11–18 Uhr
- 148 [E4] **Wochenmarkt auf dem Markt/Liebfrauenplatz,** Di., Fr., Sa. 7–14 Uhr
- 149 [E5] **Wochenmarkt Leichhof,** Altstadt, Mo. und Mi. 11–18 Uhr

022mz Abb.: gs

Der Botanische Garten (s. S. 104) lädt zum Entspannen ein

Mainz zum Träumen und Entspannen

Plätze zum Abschalten hat Mainz genug. Ganz oben auf der Rangliste steht das **Rheinufer,** das an warmen Sommertagen regelrecht belagert wird. Fast immer ein Plätzchen zum Durchatmen gibt es auch im breiten **Grüngürtel,** der die Stadt im Westen umschlingt. Hier tanken die Mainzer Frischluft, drehen Jogger ihre täglichen Runden. Beliebt als Ruheoasen sind vor alllem der **Volks-** und der **Stadtpark.** In Letzterem verbrachten schon die Mainzer Kurfürsten gern ihre Freizeit. Und auch in der **Zitadelle** 10, der alten Festungsanlage oberhalb der Altstadt, lässt es sich trefflich rasten. Der **Innenhof des Kurfürstlichen Schlosses** 22 ist eine kleine Oase der Ruhe – ebenso wie der neu gestaltete **Platz um die Ruine der Christophskirche** 15.

Fast das ganze Jahr über grünt und blüht es im **Botanischen Garten** der Universität, wo lernende Studenten auf Mainzer Mütter treffen, die dort mit ihren Kindern ausspannen. Zum Bummel an der frischen Luft lädt auch der 1803 eröffnete Mainzer **Hauptfriedhof,** der Ende 2012 von einer Fachjury zum drittschönsten deutschen Friedhof gewählt wurde – hinter dem größten Parkfriedhof der Welt in Hamburg-Ohlsdorf und dem Münchner Waldfriedhof. Kein Wunder, dass die Mainzer Begräbnisstätte einmal Vorbild für den großen Pariser Friedhof Père Lachaise war. Viele mehr oder minder bekannte Frauen und Männer haben hier ihre letzte Ruhe gefunden – vom Gründer der Sektkellerei Kupferberg bis zum singenden Dachdeckermeister Ernst Neger, dem die Welt Hits wie „Rucki Zucki" oder „Humba Tätärä" verdankt. Schon 1844 übrigens hatte eine städtische Kommission der Anlage bescheinigt, dass sie mehr einem Garten als einem Kirchhof gleiche und deshalb von vielen Fremden besucht werde.

Weiter außerhalb liegen die großen grünen Lungen der Stadt: der **Lenneberg-Wald** mit dem benachbarten **Großen Sand** 31 und der **Ober-Olmer Wald,** in dem die Amerikaner in Zeiten des Kalten Krieges einst todbringende Waffen stationiert hatten. Viel näher an der Innenstadt liegt noch die rechtsrheinische **Insel Maaraue** [G3/4], die mit großem Grillplatz und Schwimmbad einen hohen Freizeitwert genießt. Und auch Jogger kommen hier auf ihre Kosten!

- **150** [bi] **Botanischer Garten der Universität Mainz,** Anselm-Franz-von Bentzel-Weg 9d, Tel. 06131 3922251, www.botgarten.uni-mainz.de, ganzjährig tgl. 7.30–18 Uhr (im Winter bis 17 Uhr), Hunde sind nicht erlaubt.
- **151** [ci] **Hauptfriedhof,** Untere Zahlbacher Straße, Tel. 06131 123341, www.mainz.de

Lenneberg-Wald (Gonsenheimer Wald)

Im Mainzer Nordwesten liegt der Lenneberg-Wald. Viele Mainzer nennen ihn wegen seiner Lage auch Gonsenheimer Wald. Mit rund 700 Hektar ist er das größte zusammenhängende Waldgebiet Rheinhessens, Freizeitrevier für rund eine Million Menschen jährlich. Vor allem am Wochenende drängen sich hier die Spaziergänger, Jogger und Nordic Walker auf dem weichen Sandboden. Auch Hundebesitzer oder Mountainbiker sind hier gern unterwegs.

Fast mitten im Lenneberg-Wald, an der Straße von Budenheim nach Finthen, liegt das Schloss Waldthausen (Privatbesitz, keine Innenbesichtigung möglich), eine Villa aus dem frühen 20. Jahrhundert mit sehenswerten Garten- und Parkanlagen. Das Schloss verdankt seinen Namen dem Freiherrn Martin Wilhelm von Waldthausen (1875–1928), der es im Stil eines staufischen Palastgebäudes für schätzungsweise 18 Millionen Reichsmark bauen ließ. Der wohlhabende Industriellensohn, Rittmeister eines in Mainz stationierten Husarenregiments, soll sich das Residenzschloss Kaiser Wilhelms II. im heute polnischen Posen zum Vorbild genommen haben. Seit 1980 steht die Anlage unter Denkmalschutz. Heute ist hier eine Sparkassenakademie zu Hause.

› *www.lennebergwald.de*

Zur richtigen Zeit am richtigen Ort

Die sprichwörtliche Lebensfreude der Mainzer beseelt vor allem im Sommer und Herbst die ausgedehnte Festlandschaft. Johannisfest und Weinmarkt sind zwei Veranstaltungen, die jedes Jahr wieder Hunderttausende Menschen auf die Beine bringen. Dazu kommen kleine und große Weinfeste, vor allem auch in den Vororten. Den größten Zulauf aber hat der Karneval, der in Mainz Fassenacht heißt. In den Tagen vor Aschermittwoch jagt eine Veranstaltung die andere und die Mainzer feiern im Saal und auf der Straße. Höhepunkt des Festreigens ist traditionell der Rosenmontag.

Frühling

- **Fastnacht:** Närrisches Treiben in der Stadt und ihren Vororten: Sitzungen, Umzüge, Bälle (ab Januar bis Fastnachtsdienstag), www.mainzer-fastnacht.de)
- **Rheinland-Pfalz-Ausstellung:** Große Gewerbeschau auf dem Ausstellungsgelände in Mainz-Hechtsheim (März, www.rheinlandpfalzausstellung.de)
- **Mainzer Rhein-Frühling:** Jahrmarkt mit Fahrgeschäften am Rheinufer (rund um Ostern, www.mainz.de)
- **Gutenberg-Marathon:** Traditioneller Stadtlauf, der auch als Halbmarathon angeboten wird. Zudem gibt es Rennen für Hand-Biker (Mai, www.marathon.mainz.de).
- **Mainzer Sommerlichter:** Erlebnismeile am Rheinufer mit Musik und Höhenfeuerwerk (letztes Juliwochenende, www.mainz.de)

095mz Abb.: gs

Zu Fastnacht und der Mainzer Johannisnacht lebt Mainz auf seinen Plätzen. Dann geben Gruppen wie „Se Bummtschacks" den Ton an

- **Mainzer Weintage:** Budenstädtchen am Rheinufer, in dem Wein aus allen deutschen Regionen zum Ausschank kommt (Mai, www.mainzer-weintage.de).
- **Open Ohr Festival:** Gesellschaftskritisches Freiluftfestival mit großer Tradition. Auftritte von Liedermachern, Kabarettisten, Rock- und Popgruppen, außerdem Filme, Aktionen und Diskussionen zu aktuellen politischen Themen (Pfingsten, www.openohr.de).

Sommer

- **Mainzer Museumsnacht:** Lange Nacht der Mainzer Museen, während derer man mit einem Ticket alle kulturellen Einrichtungen besuchen kann (Juni, alle zwei Jahre, das nächste Mal 2019, www.mainz.de)
- **Mainzer Johannisnacht:** Größtes Volksfest neben der Fastnacht. Trubel und Heiterkeit in der ganzen Innenstadt und Programme auf zahlreichen Freiluftbühnen sowie ein großer Jahrmarkt (Ende Juni, www.johannisnacht.de).
- **Riverside Stomp:** Reggae- und Ska-Festival im rechtsrheinischen Vorort Kastel mit internationaler Beteiligung (nach Pfingsten, www.livereggae.de)
- **Mainzer Bierbörse:** In einer Budenstadt am Rheinufer werden Biersorten aus aller Welt offeriert, darunter auch seltene Gerstensäfte (Juli, www.bierboerse.com).
- **Meeting of Styles:** Internationales Graffiti-Festival in Mainz-Kastel. Schauplatz ist das Gelände um den Hochkreisel (Juni, www.meetingofstyles.com).
- **Mainz lebt auf seinen Plätzen:** sechswöchiges Sommerprogramm für Alt und Jung – vom Zaubernachmittag bis zum Rockabend (Juli–Aug., www.mainz.de)
- **Mainzer Weinmarkt:** Traditionelles Weinfest im Stadtpark an zwei langen Wochenenden, ein Stelldichein nicht nur für Weinliebhaber (August/September, www.mainzer-weinmarkt.de)

101mz Abb.: gs

Herbst und Winter

- **Oktoberfest:** In Festzelten vor den Stadttoren amüsiert sich das Volk in Dirndl und Krachledernen bei Blasmusik (Oktober, www.oktoberfest-in-mainz.de).
- **Verkündung des närrischen Grundgesetzes:** Am Martinstag lüften die Mainzer mit viel Musik und närrischem Zeremoniell kurz den närrischen Vorhang (11. November, www.mainzer-carneval-verein.de).
- **Mainzer Weihnachtsmarkt:** Glühweinstimmung im Domschatten. Eine Budenstadt lädt zum Kaufen und Genießen ein (Ende Nov.–Dez., www.weihnachts markt-mainz.com).
- **Neujahrsumzug:** Mit dem traditionellen Umzug mehrerer Hundert uniformierter Gardisten startet Mainz ins närrische Jahr (1. Januar, www.mainzer-fastnacht.de).

Mit einem bunten Umzug starten die Mainzer Garden am Neujahrsmorgen in die Kampagne

MAINZ VERSTEHEN

023mz Abb.: gs

Das Antlitz der Stadt

Römische Denkmäler, ein romanischer Dom, gotische Gotteshäuser, barocke Prachtbauten und moderne Architektur paaren sich an der Mündung von Main und Rhein mit einer geballten Ladung Lebensfreude. Mit seinen mehreren Zehntausend Studenten fühlt sich Mainz jünger an als vergleichbare andere deutsche Städte. Und auch wenn die Stadt inzwischen hoch verschuldet ist und der Finanzdezernent jeden Cent mehrfach umdreht, geben sich ihre Bürger optimistisch, schließlich haben sie schon viele Krisen gemeistert: Hungersnöte, wochenlange Straßenschlachten, Pest – und immer wieder Leid und Tod bringende Kriege.

Mehr als 215.000 Einwohner zählt Mainz heute, ein Gebilde aus **15 Stadtteilen** links des Rheines. Damit ist Mainz nicht nur **Landeshauptstadt,** sondern auch die größte Stadt des Bundeslandes Rheinland-Pfalz. Ihren Kern bilden Alt- und Neustadt, dazu die etwas höher gelegene Oberstadt und der erst in den letzten Jahrzehnten gewachsene Stadtteil Hartenberg-Münchfeld.

Schon 1907 wurde das nördlich der Stadt gelegene Mombach nach Mainz eingemeindet, 1930 das südlich gelegene Weisenau und Bretzenheim im Westen. 1938 folgte Gonsenheim.

Leider musste die Stadt nach dem Krieg ihre ehemaligen rechtsrheinischen Stadtteile abtreten. Gustavsburg, Ginsheim und Bischofsheim wurden wieder selbstständig, die sogenannten AKK-Gemeinden (Amöneburg, Kastel, Kostheim) Wiesbaden zugeschlagen. Den Verlust dieser Gebiete machte 1969 die Eingemeindung der Vororte Drais, Ebersheim, Finthen, Hechtsheim, Laubenheim und Marienborn aber wieder wett. 1962, zum verfrüht gefeierten 2000-jährigen Stadtjubiläum, wurde mit Mainz-Lerchenberg gar ein ganz neuer „Jubiläums-Stadtteil" gegründet. Heute beherbergt er das **ZDF,** eine der größten Fernsehanstalten Europas.

Mit fast 2150 Einwohnern je Quadratkilometer gehört Mainz zu den am dichtesten besiedelten Städten im Rhein-Main-Gebiet. Geschuldet ist das vor allem seiner **Universität** mit ihren mehr als 10.000 Mitarbeitern und über 30.000 Studenten, den großen **Behörden** und **Dienstleistern.** Hinzu kommen die vielen **innovativen Firmen,** die auf ihrem jeweiligen Gebiet zu den Marktführern gehören, und das nicht nur national, sondern wie im Fall der Medizinfirmen Orgentec oder Novo Nordisc auch weltweit.

„Es ist diese Stadt sehr lang, aber schmal", beschrieb der berühmte **Topograf Matthäus Merian** 1646 die Stadt. „Dann auf der Seite gegen

KURZ & KNAPP

Originalton

„Die alte Stadt Mainz ist geschmückt mit herrlichen Kirchen und privaten und öffentlichen Gebäuden und hat nichts, was man tadeln könnte, außer der Enge der Gassen."

Papst Pius II. Mitte 15. Jh.

◁ Vorseite: Blick vom Westturm auf den Ostchor des Mainzer Doms ❶

▷ Die Mainzer Schokoladenseite mit Dom ❶*, Rheingoldhalle (s. S. 94) und Stephanskirche* ⓫

Frankreich hat sie einen etwas erhöhten Berg. Auf der anderen aber, wo sie gegen Deutschland steht, den Rhein". Weiter waren dem Zeichner, der Mainz damals auch in einem Stich festhielt, die vielen „stattlichen Kirchen und Gebäude" aufgefallen, die engen Gassen und Stadttore. Grundlegend hat sich seit damals nicht viel geändert, auch wenn manches Hochhaus, Bausünden des 20. Jahrhunderts, das Bild heute etwas verschandelt. Noch immer schmiegt sich Mainz an den **Rhein**, wo dieser auf seinem Weg nach Norden eine große Biegung macht, um sich ein paar Autominuten weiter zwischen Hunsrück und Taunus den Weg zur Nordsee zu bahnen.

Im Gegensatz zu früheren Jahrhunderten, als keine feste Brücke Mainz mit dem rechten Ufer verband, wird der Rhein heute längst nicht mehr als Trennung empfunden – auch wenn nationale Aufmerksamkeit erregende Brückensperrungen das manch-

Das Mainzer Rad – Symbol der Stadt

Viele Geschichten ranken sich um das Mainzer Rad, das heutige ***Stadtwappen,*** *das erstmals um das Jahr 1300 in einem Ratssiegel neben dem Bild des* ***Stadtpatrons,*** *des heiligen Martin, auftaucht. Das Rad gehörte damals zu den ikonografischen Attributen des Heiligen und es ist anzunehmen, dass es sich eines Tages einfach verselbstständigte, denn für die Siegel- und Wappengestalter war das Rad vermutlich einfacher zu fertigen als der einen Mantel teilende Bischof hoch zu Pferd. Irgendwann verdoppelte man das silberne Rad auf rotem Schild, dessen Gestaltung sich auch immer wieder änderte. In den Bereich der Legende gehört allerdings die von den Brüdern Grimm verbreitete Geschichte, nach welcher der Domgründer, Erzbischof Willigis, das Mainzer Rad zum Wappen gewählt habe, um so auf seinen Vater, einen Wagner, aufmerksam zu machen.*

025mz Abb.: gs

mal vermuten lassen. Fünf große **Straßen- und Eisenbahnbrücken** verbinden Mainz mit Wiesbaden – zwei deutsche Landeshauptstädte mit unterschiedlicher Geschichte und Prägung.

Weil der Fluss der Stadtentwicklung Richtung Osten aber Grenzen setzt, hat sich Mainz nach Westen ins rheinhessische Hinterland ausgedehnt und manches Dorf eingemeindet. Neue **Gewerbegebiete** wie in Mombach, Hechtsheim oder Weisenau haben sich wie industrielle Festungen um die Kernstadt gelegt, in der für Großindustrie schon lange kein Platz mehr ist. Das Gleiche gilt für ein neues, vor den Toren der Stadt erbautes Messegelände.

Aus dem „goldenen Mainz" des Mittelalters ist längst ein Mainz der Moderne geworden, das seine bürgerliche Identität aber nicht versteckt. Jahrhundertelang war die Stadt **katholisch geprägt** und **Protestanten** wurden die Bürgerrechte verwehrt. Erst nach dem Zusammenbruch des Mainzer Kurfürstenstaates war Platz für die „Unierten". Kamen Mitte des 19. Jahrhunderts auf einen Protestanten fünf Katholiken, finden sich heute neben drei Katholiken zwei Protestanten. Gestiegen ist auch die Zahl der **muslimischen Bürger**, die sich heute in der Mainzer Neustadt, vor allem aber im Industrievorort Mombach, konzentrieren.

Die **Altstadt** ist das Herz der Stadt und ihr ältester Teil. Die **Neustadt** verdankt ihre Existenz der Stadterweiterung im 19. Jahrhundert, die mit dem Bau einer festen Brücke über den Rhein auch die Erschließung der damaligen rechtsrheinischen Stadtteile beschleunigte. Neuen Raum schuf zudem die Verlegung der Bahnlinie vom Rhein an den Westrand der Stadt, in deren Rahmen man große Teile von Mainz **untertunnelte.**

Wie viele Städte hat auch Mainz inzwischen sein **Flussufer** entdeckt. Rund um die Hafenanlagen im Süden und Norden sind hochpreisige Wohn- und Bürohäuser entstanden oder im Bau, wachsen neue Stadtquartiere für viele Tausend Mieter und Dienstleistungsunternehmen. Es ist das **moderne Mainz**, in dem Arbeiten und Wohnen zusammen gehören, das hier sein Gesicht zeigt. Ihren eigenen Charakter haben die großen Vororte wie Finthen oder Gonsenheim, die über kleinstädtische Strukturen verfügen und mit öffentlichen Verkehrsmitteln gut ans Zentrum angebunden sind. Charakteristisch für diese Horte des Bürgertums ist unter anderem ihr besonders traditionsreiches Vereinsleben.

Der Dom 1 *prägt die Stadtkulisse.*

Von den Anfängen bis zur Gegenwart

Mal Mittelpunkt des Heiligen Römischen Reiches, mal Stadt in der Provinz: Die Mainzer Geschichte ist ein langes Auf und Ab. So wurde aus einer römischen Garnisonsstadt im Mittelalter eine der mächtigsten Metropolen Europas. Doch mit der Zeit verblasste der Glanz und das „goldene Mainz" war nur noch eine Stadt unter vielen. Schlimmer noch: Nach dem Zusammenbruch des Kurfürstlichen Reiches schrumpfte Mainz im 19. Jahrhundert zur rheinhessischen Provinzstadt im Großherzogtum Hessen und die Stadt wurde von Darmstadt aus regiert. Größere politische Bedeutung erlangte Mainz erst wieder nach dem Zweiten Weltkrieg, als man den Regierungssitz des neuen Bundeslandes Rheinland-Pfalz hierher verlegte.

Eiszeitliche Jäger waren vermutlich die ersten, die im Raum Mainz Station machten. Das zumindest legen die ältesten archäologischen Funde nahe. Mammut und Nashorn, Bären und Rentiere waren damals am Rhein zu Hause. Später besiedelten **Kelten** die Region. Einer ihrer Götter war Mogon, ein Sonnengott, nach dem sie schließlich ihre Siedlung benannten. **Mogontiacum**, „Land des Mogon", hießen deshalb auch die **Römer** den Ort am Zusammenfluss von Main und Rhein. Wenige Jahre vor Christi Geburt gründeten sie dort ein großes Lager, das langsam zur Garnisonsstadt wuchs. Überall in der Stadt sind die Spuren von damals noch sichtbar – vom römischen Theater in der Altstadt bis zur Wasserleitung im Vorort Zahlbach. Verschwunden allerdings ist die Römerbrücke über den Rhein, ein steinerner Übergang, der Jahrhunderte hielt.

Nach dem Zerfall des Römischen Reiches und der Völkerwanderung, die Zerstörung und Elend über Mainz brachte, begann der langsame Aufstieg der Stadt. Aus dem römischen Mogontiacum wurde **Moguntia**, eine christliche Siedlung, in der Erzbischof Bonifatius zu den ersten namhaften Gestaltern gehörte. Aber erst seinem Nachfolger Lullus war es vorbehalten, Mainz zum **Erzbistum** zu machen. Im Laufe der Jahrhunderte wurden Mainz immer wieder neue Bistümer zugeschlagen, sodass es an der Wende zum neuen Jahrtausend die größte Kirchenprovinz nördlich der Alpen bildete.

Die kirchliche Größe brachte auch **politische Macht.** Der Mainzer Erzbischof wurde zum Landesherren, zum Reichserzkanzler und Kurfürsten, der den König mitwählte. Mainz wuchs zur „aurea moguntia", zum „goldenen Mainz". Sichtbarer Ausdruck der neuen Herrlichkeit wurde der **Dom**, dessen Bischöfe sich zum Teil wie der Papst kleideten. „Es gibt keinen Bischof, der nach dem römischen Bischof einen so hohen Rang in der Kirche und im Reich einnimmt, wie Du ihn innehast", schrieb der Papst im 13. Jahrhundert an Erzbischof Siegfried II. von Eppstein.

Mit der Gründung des **Rheinischen Städtebundes** (1254) gewann die

Die Stadt in Zahlen

- **Gegründet:** 13/12 v. Chr.
- **Einwohner:** ca. 215.000
- **Fläche:** 97,8 km²
- **Höhe ü. M.:** 88 m
- **Kfz-Kennzeichen:** MZ

Wirtschaft der Stadt weiter an Fahrt und der Handel blühte. Eine besondere Einnahmequelle war das sogenannte **Stapelrecht:** Alle auf dem Rhein transportierten Waren mussten in Mainz ausgeladen und für ein paar Tage zum Verkauf angeboten werden. Streitereien um den Mainzer Bischofsstuhl, blutige Konflikte zwischen Kirche und Bürgern und der Verlust der Stadtfreiheit bremsten den Aufschwung allerdings. Besonders ins Gewicht fiel in jenen Jahren nur **Gutenbergs** weltbewegende Erfindung, der **Druck mit beweglichen Lettern.**

Noch mehr von sich reden machte wenig später Erzbischof und Kardinal **Albrecht von Brandenburg,** der wie ein italienischer Renaissancefürst in Mainz regierte. Ein eitler Pfau, der sich von Dürer zeichnen und in Kupfer stechen ließ. Auch Lucas Cranach und Matthias Grünewald mussten den Kirchenfürsten in ihre Altarbilder einbauen. Seinen teuren Lebenswandel finanzierte der Kardinal unter anderem mit dem Verkauf von Ablassbriefen, die schließlich den Reformator **Martin Luther** auf den Plan riefen und letztlich zur Kirchenspaltung führten.

Eine neue Blütezeit brachte der **Barock,** in dem einige schöne Bauten wie die Peters- oder die Augustinerkirche und viele kurfürstliche Paläste entstanden, die heute zu den wichtigsten Sehenswürdigkeiten der Stadt zählen. Ende des 18. Jahrhunderts aber nahte neues Unheil: **Französische Revolutionstruppen** nahmen die Stadt ein. Es war das Ende von Kurmainz, das bald darauf aufgelöst wurde. „In Schutt und Trümmern war zusammengestürzt, was Jahrhunderten aufzubauen gelang, wo in der schönsten Lage der Welt, Reichtümer von Provinzen zusammengeflossen und Religion, das, was ihre Diener besaßen, zu befestigen und zu vermehren trachtete“, schrieb Goethe 1793, der als Augenzeuge den Untergang der Epoche miterlebte. Einige Jahre war Mainz jetzt französisch und die Statthalter Napoleons regierten die Stadt, die sich jetzt Mayence nannte.

Erst im Mai 1814 zogen die Franzosen ab. Mainz wurde zur **Festung des deutschen Bundes,** in der viele Tausend österreichischer und preußischer Soldaten stationiert waren. Zwei Jahre später wurde die Stadt dem **Großherzogtum Hessen** mit der Hauptstadt Darmstadt zugeschlagen, Mainz war nur noch Provinzhauptstadt des neuen politischen Gebildes Rheinhessen. Nachdem der kurfürstliche Hof als Motor des gesellschaftlichen Lebens, vor allem aber als Förderer von Kunst und Kultur, verschwunden war, schrumpfte Mainz zur gemütlichen Garnisonsstadt. Viele barocke Prachtbauten dienten von nun an als Kaserne, Hospital oder Offizierskasino. Zudem schnürten die Festungsbauwerke Mainz immer mehr ein. Wie ein Befreiungsschlag wirkte deshalb die Erschließung der **Neustadt.** Ein neuer Bahnhof und ein Hafen signalisierten den A**ufschwung,** an dessen Ende die Verdoppelung der Stadtfläche stand. Brücken über den Rhein öffneten Mainz nach Osten. Industriebetriebe siedelten sich an, der Weinhandel blühte. 1908 zählte man erstmals über 100.000 Einwohner: Mainz war Großstadt.

Zwei **Weltkriege** hemmten den weiteren Aufschwung. 1945 waren mehr als zwei Drittel der Stadt zerstört. Mit der Gründung des Bundeslandes **Rheinland-Pfalz,** dessen neue **Hauptstadt** Mainz wurde, war die fast 150-jährige Periode politischer Bedeutungslosigkeit beendet. Mainz war wieder eine Metropole. Viel Geld wurde in den Wiederaufbau und die Sanierung historischer Bauten und Kirchen gesteckt. Die Universität öffnete nach mehr als einhundertjähriger Pause wieder ihre Tore und mit der Ansiedlung neuer Industrien stellte man die Weichen für die Zukunft. Heute gilt Mainz als eine der Perlen im Rhein-Main-Gebiet.

Stadtgeschichte in Zahlen

90 Mainz ist Hauptstadt der römischen Provinz Obergermanien.
13/12 v. Chr. Drusus gründet ein römisches Militärlager am Rhein.
770 Karl der Große feiert Weihnachten in Mainz.
782 Mainz wird zum Erzbistum.
813 Erstes Mainzer Konzil
1009 Großbrand bei der Domweihe
1119 Mainz erringt offiziell die Gerichtsfreiheit
1145 Bernhard von Clairveaux wirbt im Dom für den zweiten Kreuzzug.
1184 Kaiser Friedrich Barbarossa feiert Hoftag.
1202 Krönung Kaiser Friedrichs II. im Dom
1244 Bischof Siegfried III. von Eppstein macht Mainz zur „Freien Stadt“.
1452 Gutenberg beginnt mit dem Druck seiner Bibel.
1477 Gründung der Universität Mainz
1627 Baubeginn am Kurfürstlichen Schloss
1631 König Gustav Adolf von Schweden nimmt die Stadt ein.
1666 Vermutlich ein Viertel der Bevölkerung stirbt an der Pest.
1720 Im heutigen Stadtpark entsteht das kurfürstliche Lustschloss Favorite.
1763 Mozart konzertiert erstmals in Mainz.
1793 Gründung der Mainzer Republik, erstes Parlament auf deutschem Boden
1814 Mainz wird Bundesfestung.
1826 Aufnahme des Dampfschifffahrtsverkehrs zwischen Mainz und Köln
1857 Die Explosion eines Pulvermagazins bringt Tod und Leid über die Stadt.
1875 Bau einer städtischen Kanalisation
1908 Mainz wird zur Großstadt.
1938 Mainz wird kreisfreie Stadt.
1946 Neugründung der 1798 aufgehobenen Universität
1950 Mainz wird rheinland-pfälzische Landeshauptstadt.
1980 Besuch von Papst Johannes Paul II. mit Großgottesdienst auf dem Finther Flughafen
2004 Mit Mainz 05 ist die Stadt erstmals in der ersten Fußballbundesliga dabei.

026mz Abb.: gs

Der Sockel der Jupitersäule (s. S. 50) aus der Römerzeit mit einer Abbildung des Gottes Herkules

2011 Mainz erhält den Titel „Stadt der Wissenschaft“, eine seit 2005 vergebene Auszeichnung des Stifterverbandes für die Deutsche Wissenschaft.

2015 Die traditionelle Fernsehsitzung „Mainz bleibt Mainz, wie es singt und lacht“ feiert 60. Jubiläum.

2017 Papst Franziskus ernennt Peter Kohlgraf zum Bischof von Mainz.

2018 Die VDP-Weinbörse, weltweit größte Fachmesse für deutsche Spitzenweine, feiert ihr 45. Jubiläum.

Leben in der Stadt

Als eine „Völkermühle“ hatte der in Mainz aufgewachsene Schriftsteller Carl Zuckmayer die Stadt und ihre Region einmal bezeichnet und das gilt heute noch viel mehr als damals. Inzwischen leben Menschen aus mehr als 160 Nationen am Rhein und die Einheimischen stellen längst nicht mehr die Mehrheit der Bevölkerung. Rund ein Drittel der Einwohner hat einen Migrationshintergrund. Sie sind aus der Türkei, aber auch aus Polen, Portugal, Spanien und Italien. Die Mehrheit von ihnen fühlt sich integriert, wie eine Studie ergeben hat. Die religiöse und kulturelle Vielfalt der Menschen spiegelt sich auch jährlich in vielen Veranstaltungen wider, in Begegnungen zwischen Menschen aller Hautfarben, die in Mainz nichts Exotisches, sondern gelebter Alltag sind.

Doch auch „echte Meenzer“ trifft der Besucher noch. **Lebensfreude** und **Humor** sagt man ihnen nach, viel **Herzlichkeit** und auch eine gewisse **Lässigkeit**, die Mainzer Art des französischen *savoir-vivre*. Während im rechtsrheinischen Wiesbaden preußische Tugenden lange Zeit das Leben bestimmten und protestantische Strenge dort die Leichtigkeit des Lebens hemmte, fühlten sich die linksrheinischen und früher meist katholischen Mainzer eher **südländischer Lebensart verpflichtet**, aus der sie schließlich auch ihr Selbstbewusstsein bezogen. Und natürlich hatte man am Rhein auch immer eine Vorliebe für die **französische Sprache**, die sich in vielen Dialektausdrücken niederschlug. So ist der Bürgersteig noch immer das Trottoir und der Geldbeutel das Portemonnaie.

Ebenfalls von den Franzosen stammt angeblich auch eine gewisse **Lässigkeit**, die Sie eventuell zu spüren bekommen, wenn Sie versuchen, mit einem Mainzer Freundschaft zu schließen: So schnell, wie er die Freundschaft schließt, so schnell vergisst er sie auch wieder. Aber böse gemeint ist das meist nicht, eher ist es der Ausdruck eines gesunden Selbstbewusstseins.

Die gerne auch offen zur Schau getragene Lässigkeit ist aber nicht nur Zeichen eines ausgeprägten Selbstbewusstseins, sondern auch Folge einer **fehlenden eigenständigen Identität.** Eingeklemmt zwischen der Pfalz und dem Rheinland war Mainz ein strategisch immer wieder heftig umkämpfter Ort. Nach den Römern kamen die Heere der Völkerwanderung, später Truppen aus Schweden, Frankreich, Österreich, den USA und vielen anderen Ländern. Immer wieder musste Mainz neue Machthaber erdulden, doch die Bürger scherten sich wenig darum, schließlich blieb ihnen meist keine Wahl. Im Gegenteil: Die Besatzer schärften der Mainzer **kritisches Denken**, das sich Mitte

☒ Auch im Fußballstadion zeigen die Mainzer ihre Lebensfreude

des 19. Jahrhunderts im politisch-literarischen **Karneval** ein eigenes Ventil schuf.

Närrisches Liedgut prägt auch den Fußball der Stadt. So feiert Mainz jedes Tor seiner Bundesliga-Kicker mit dem **Narrhallamarsch**, prägen vierfarbbunte Schals in den Narrenfarben viele Fan-Outfits. Und manchen Fehlschuss der Gastmannschaft im heimischen Stadion begleiten die Fans mit lauten Helau-Rufen.

„Wenn eiern Schebber unsern Schebber noch emol Schebber schennt, schennt unsern Schebber eiern Schebber so long Schebber, bis eiern Schebber unsern Schebber nit mehr Schebber schennt". Wer diesen Zungenbrecher fehlerfrei über die Lippen bringt, erhält den Ritterschlag zum Mainzer. Am häufigsten identifizieren sich die Einheimischen nämlich über ihren **Dialekt.** So wird in der Stadt nicht gesprochen, sondern „gebabbelt". Auch haben die Menschen über Jahrhunderte ihre eigene Grammatik entwickelt. Dass „wie" nur bei Vergleichen gebraucht wird, dass es aber nach der zweiten Steigerungsstufe „als" heißen muss, daran erkennt der Fremde heute noch den echten Mainzer, von dem Sätze wie „Der is' abber grösser als wie du" stammen können.

Die Liebenswürdigkeit seiner Bewohner und die verkehrsgünstige Lage am Zusammenfluss von Rhein und Main haben immer wieder die **Prominenz** nach Mainz gelockt. So tankten Maler, Dichter und Schriftsteller in der Stadt neue Kraft und Ideen – von Albrecht Dürer bis Johann Wolfgang von Goethe. Matthäus Merian, Victor Hugo, Jean Paul, Thomas Mann, Stefan George, Anna Seghers, Carl Zuckmayer oder Eva Demski schrieben über die Stadt und

027mz Abb.: gs

Mainzer Dialektausdrücke

Abemick	Klofliege
Dappes	ungeschickter Mensch
Deetz	Kopf
Dibbe	Topf
Fleebutz	hässliches Hundevieh
Forzklopper	lautes und stinkendes Moped
Griwwelbisser	schlecht gelaunte Menschen
Halwe	ein Viertelliter Wein
Klumbe	Bonbon
Knorze	Endstück vom Brot
Labbeduddel	Schimpfwort im Sinn von Trottel
Lauser(t)	Lausbub
Monder	Schaufenster
Schlabbe	Hausschuhe
Schnorres	Schnurrbart

028mz Abb.: gs

ihre Menschen. Daniel Kehlmann, mit seinem Roman „Die Vermessung der Welt“ berühmt geworden, lehrte in Mainz Poetik und der mit dem Deutschen Buchpreis 2012 ausgezeichnete und vor Ort recherchierte Roman „Landgericht“ von Ursula Krechel spielt im Mainz der Nachkriegszeit. Große Komponisten – von Wolfgang Amadeus Mozart bis Richard Wagner – machten ebenso gern in Mainz halt wie die Großen des Showgeschäfts, von denen einige in der Stadt auch zu Hause waren. So setzte Otto Höpfner mit dem „Blauen Bock“ in den späten 1950er- und frühen 1960er-Jahren Maßstäbe in der Fernsehunterhaltung. Auch sein Nachfolger, Heinz Schenk, der den „Blauen Bock“ mehr als zwei Jahrzehnte moderierte, kam aus Mainz. Und nicht zu vergessen sind Männer wie Hanns-Dieter Hüsch oder Rolf Braun, die in Mainz Kabarett- bzw. Fastnachtsgeschichte schrieben. Lars Reichow und Tobias Mann heißen die Mainzer Kabarettgrößen heute, die im Fernsehen genauso zu Hause sind wie auf der Kleinkunstbühne.

Kurzweil im sommerlichen Mainz: Freizeitsportler am Rheinufer

Mit Anja Gockel, die früher für die Modeikone Vivienne Westwood arbeitete, ist die Stadt zudem heute Heimat einer der populärsten deutschen Modedesignerinnen. Ebenfalls mit Mainz verbunden sind die Namen der vielleicht bekanntesten deutschen Fußballtrainer Jürgen Klopp und Thomas Tuchel, die beide in Mainz ihre ersten großen Erfolge feierten. Kein Wunder, dass die Menschen gern in Mainz zu Hause sind. 97 Prozent aller Befragten antworteten in einer Umfrage des Instituts für Soziologie der Johannes-Gutenberg-Universität auf die Frage, ob sie gerne in Mainz wohnen, mit „Ja“. Am schlechtesten wurde im Zuge der Umfrage übrigens die Parksituation bewertet, mit der jeder zweite in der Stadt unzufrieden ist.

Great Wine Capital: Weinmetropole Mainz

„Es ist Mainz am Ufer des Rheins die Stadt des Weins“ – auf diesen Spruch stützt sich das Selbstbewusstsein, mit dem sich Mainz heute gerne als deutsche Weinmetropole feiert. Zwar wachsen Trauben heute nur noch auf einer kleinen Fläche im Stadtgebiet, doch im Hinterland Rheinhessen befindet sich die größte deutsche Weinbauregion.

Es waren die **Römer**, die den Wein an den Rhein brachten. Die Trauben gediehen auch zwischen den mittelalterlichen Stadtmauern und später zogen sich die Rebhänge rings um die Stadt. Vor allem die **Mönche** in den Klöstern gehörten zu den Förderern der Weinkultur. In eigenen Schenken verkauften sie ihre Weine, mit denen sie zum Teil den Klosterbetrieb finanzierten. Auch die **Stadt** mischte lange Zeit im Weingeschäft mit und schenkte im Ratskeller aus großen Fässern aus. Dazu kamen zahllose **Straußwirtschaften**, über deren Türen das sogenannte Weinfähnlein den Ausschank anzeigte. Mainz, wie es trinkt und lacht!

Schon früh wurde Mainz auch zum bedeutenden **Handelsplatz** und ein Großteil der im Rheingau erzeugten Weine wurde in Mainz umgeschlagen. Adelspaläste und bischöfliche Bauten waren großzügig unterkellert, um die Vorräte für rauschende Feste und Feiern zu bunkern. Große Handelsfirmen errichteten riesige Kelleranlagen, in denen sie Weine aus ganz Deutschland horteten und je nach Bedarf auslieferten. Im 19. Jahrhundert war Mainz „Hoflieferant“ für Kaiser, Könige und Fürstenhäuser.

Dazu kam die Herstellung „moussierender Weine“, wie man die Vorläufer unserer heutigen Sekte nannte. 1850 siedelte sich **Christian Albert Kupferberg** mit einer Sektfirma auf dem damals noch mit Reben bepflanzten Kästrich, einem Hang am Stadtrand, an und präsentierte wenig später seine Marke „Kupferberg Gold“. Unter seiner Ägide entstand auf der Kupferbergterrasse eine eigene unterirdische Stadt, in der Wein zu Sekt veredelt wurde: mehr als ein halbes Hundert Keller, verteilt auf sieben Stockwerke, der unterste weit unter dem Pegel des Rheins. Für den Flaschentransport gab es ein eigenes Sektbähnchen. Interessenten können das unterirdische Reich noch heute nach Voranmeldung auf einer Führung entdecken.

0299mz Abb.: gs

⊡ *Figur des Weingottes Bacchus in einem Innenhof auf dem Kästrich*

★152 [C5] **Kupferberg,** Kupferbergterrasse 17–19, 55116 Mainz, www.hochzeiten-kupferbergterrassen.de, Terminabsprache unter Tel. 06131 6938363

Heute gehört Mainz neben Bordeaux, Florenz, San Francisco und ein paar weiteren Städten zu den **Great Wine Capitals**, den Weinhauptstädten der Welt, die auch stellvertretend für die benachbarten Weinregionen wie die Toskana oder das kalifornische Nappa Valley stehen. Nur drei der mehr als hundert Gemeinden **Rheinhessens** bauen keinen Wein an. Mehr als 4000 Weinbaubetriebe zwischen Worms und Bingen produzieren jährlich mehr als 2,5 Millionen Hektoliter Wein, gut zwei Drittel Weißen und fast ein Drittel Roten.

Zu den **Weißwein-Rebsorten** gehören u.a. Müller-Thurgau und Riesling, aber auch Scheurebe, Chardonnay, Silvaner, Grauburgunder, Kerner, Huxelrebe, Gewürztraminer und Weißburgunder. Zu den **Rotweinsorten** zählen Spätburgunder, Portugieser, Regent, St.Laurent, Dornfelder und Frühburgunder. Hinzu kamen in den letzten Jahren Cabernet Sauvignon und Merlot. Längst vergessen sind die Zeiten, als Rheinhessens Winzer mehr auf Menge als auf Güte setzten. Heute räumen seine Winzer bei nationalen und internationalen Wettbewerben immer häufiger Preise ab und staatliche Gütesiegel zieren mehr und mehr Flaschen. Keine andere deutsche Weinregion hat im letzten Jahrzehnt so an Image gewonnen. Im größten deutschen Weinanbaugebiet liegt das vor allem an den Böden, an Löß, Kalkstein und Ton, die dem Wein im Zusammenspiel mit einem passenden Klima eine besondere Note verleihen. Es ist das Terroir, was zählt! Zu verdanken ist die rheinhessische Qualitätsoffensive vor allem aber einer **neuen Generation junger Winzer**, die bestens ausgebildet sind und meist auch über internationale Erfahrungen verfügen. Anders als ihre Väter, die ihre Weine so fertigten wie ihre Vorväter, setzen die Jungen auf neue Techniken und Rezepte, wie sie heute an den Weinhochschulen gelehrt werden. Ihr Grundprinzip: Qualität geht vor Quantität! Dem fühlen sich auch die meisten Mainzer Winzer verpflichtet, die in 4 von 15 Stadtteilen hauptberuflich Weinbau treiben.

Weinkultur pflegt auch die **Ehrbare Mainzer Weinzunft** von 1443, eine nach dem Krieg wiederbegründete, mittelalterliche Weinbruderschaft. Und auch der 2005 gegründete **Mainzer Weinsenat**, ein Zusammenschluss von Weinliebhabern, hat sich der Pflege des Kulturgutes Wein verschrieben und vor der Zitadelle am Altstadtrand einen eigenen kleinen **Weinberg** angepflanzt, in dem Jahr für Jahr öffentlichkeitswirksam ein paar Trauben gelesen werden.

Nicht zuletzt hat sich auch die **Mainzer Universität** um die Weinkultur verdient gemacht. Mikrobiologen, Theologen, Mediziner, Physiker, Psychologen und Sprachwissenschaftler kümmern sich dort um verschiedene Themen, z.B. wie der Wein die Klimaänderungen verkraftet, wie er unter Umständen allergische Reaktionen auslösen kann oder wie sich das Umgebungslicht auf das Geschmacksempfinden beim Trinken auswirkt. Damit hat sich Mainz inzwischen auch wissenschaftlich als Weinhauptstadt profiliert.

PRAKTISCHE REISETIPPS

080mz Abb.: gs

An- und Rückreise

Mainz ist aus allen Richtungen gut zu erreichen: per Schiene und Straße oder auch mit dem Flugzeug. Innerhalb der Stadt und auch in die Vororte verkehren ausreichend öffentliche Verkehrsmittel, deshalb kommen Mainz-Reisende auch ohne eigenes Auto gut zurecht. Gegen die Anreise mit dem Pkw spricht zudem, dass Parkplätze in der Innenstadt relativ teuer und oft auch rar sind. Wer allerdings auch die Umgebung erkunden will, Abstecher nach Rheinhessen oder in den Rheingau plant, kann ein eigenes Fahrzeug gut gebrauchen.

Mit dem Auto

Die Anreise erfolgt in der Regel über die Autobahnen, die aus allen Richtungen fast bis in die Innenstadt führen. Bei der Reiseplanung helfen die in der Regel kostenlosen Routenplaner im Internet. Mainz und Wiesbaden vereint eine gemeinsame **Umweltzone.** So dürfen nur Fahrzeuge mit der **grünen Abgasplakette** (EU-Norm 4) in die Stadt. Ohne Plakette sind nur noch die außerhalb des Autobahnrings gelegenen Vororte zugänglich. Übrigens: Eine wertvolle Hilfe für alle Autofahrer ist das **Mobilitätsportal des Landes Rheinland-Pfalz,** das Staus und Verkehrsbehinderungen auf den wichtigsten Zubringerstraßen und Autobahnen in die Stadt in Echtzeit anzeigt.

› www.verkehr.rlp.de

063mz Abb.: gs

Mit dem Zug

Eine bequeme und für alle Einzelreisenden auch preisgünstige Alternative zum Auto ist die Anreise per Bahn. Nach Mainz gibt es zahlreiche **Direktverbindungen,** alle anderen Ziele sind über **Frankfurt** zu erreichen, von wo mehrmals stündlich S-Bahnen in die Stadt und ihre rechtsrheinischen Vororte verkehren. Züge aus Hamburg oder Berlin brauchen im Bestfall keine fünf Stunden in die rheinland-pfälzische Landeshauptstadt, keine vier Stunden dauert es aus München. Über die besten Verbindungen informieren die folgenden Websites:

› www.bahn.de

› www.sbb.ch

› www.oebb.at

Vorseite: Impressionen vom Mainzer Fastnachtsbrunnen

Die alte Eisenbahnbrücke war der erste neuzeitliche Rheinübergang

Mit dem Bus

Für Reisende mit Zeit kommt unter Umständen auch eine Anreise mit dem Bus infrage. So steuern inzwischen mehrere private Buslinien Mainz an, die unter anderem direkte Fahrten von Hamburg, München oder Berlin anbieten. Insgesamt sind die Fahrten mit dem Fernbus häufig wesentlich preiswerter als Fahrten mit der Bahn.

› www.busliniensuche.de
› www.fahrtenfuchs.de

Mit dem Flugzeug

Mainz verfügt im Vorort **Finthen** über einen kleinen Flughafen, der allerdings nur von **Privatmaschinen** genutzt wird. Die nächstgelegenen Großflughäfen sind der Hunsrück-Flughafen **Frankfurt-Hahn** und der internationale **Frankfurt Airport.**

Während Frankfurt-Hahn für die Anreise aus deutschsprachigen Regionen keine Rolle spielt, wird der internationale Flughafen Frankfurt täglich von allen großen Städten aus Deutschland, der Schweiz und Österreich angesteuert.

Die Weiterreise vom Flughafen ist kein Problem. Vom S-Bahnhof im Tiefgeschoss des Frankfurter Terminals 1 fahren regelmäßig – zu den Hauptverkehrszeiten sogar mehrmals pro Stunde – Züge Richtung Mainz ab. Reisende mit dem Ziel Altstadt steigen am besten schon am Bahnhof Römisches Theater (ehemals Südbahnhof) im Mainzer Süden aus. Die Fahrzeit mit der S-Bahn vom Flughafen ins Mainzer Zentrum beträgt eine knappe halbe Stunde. Noch schneller ist man mit den ICE-Zügen vom Flughafen-Fernbahnhof.

› www.bahn.de

Autofahren

Die Zahl der Tempo-30- oder gar Tempo-20-Zonen in Mainz ist groß. Das sollten Sie wissen, wenn Sie in der Stadt oder ihren Vororten unterwegs sind. Und da die Stadt (nicht mehr nur die Polizei) **Temposünder** jagt, sollten Sie die Höchstgeschwindigkeitsschilder wirklich beherzigen!

Parkplätze sind gewöhnlich teuer. Die Wahrscheinlichkeit, in der Innenstadt immer schnell einen kostenlosen Parkplatz zu finden, tendiert gegen Null. Deshalb sollten Besucher immer zielstrebig ein **Parkhaus** ansteuern. Ein **Parkleitsystem** zeigt an, wo es noch freie Plätze gibt. Einige Parkhäuser verfügen auch über extra ausgewiesene Frauenparkplätze.

Parken

Am besten parkt man in einem der mehr als zwei Dutzend Mainzer Parkhäuser mit ihren rund 10.000 Stellplätzen. Je weiter man vom Zentrum entfernt ist – so die Faustregel – umso preiswerter wird das Parken. Außerdem gelten alle Parkbelege der **Parken in Mainz GmbH (PMG)** auch als **kostenlose Fahrscheine für bis zu fünf Personen** in Bussen und Bahnen der Mainzer Verkehrsbetriebe. Die Nachtparkgebühren (20–8 Uhr) betragen in der Regel maximal 5 €, die Tageshöchstgebühren bewegen sich schwankend um ca. 15 €. Über Langzeit- und Wochenendpauschalen sowie Parkrabatte für Kino- und Theaterbesucher können Sie sich auf der Website der PMG (www.pmg-mainz.de) informieren.

Weitere rund 6.500 (gebührenpflichtige) Parkplätze gibt es im öffentlichen Raum mit knapp 150 **Parkscheinautomaten.** Auch hier gilt

EXTRAINFO

Pannennotruf

› **ACE:** Tel. 01802 343536
› **ADAC:** Tel. 01802 222222
› **AvD:** Tel. 0800 9909909

in der Regel, dass die Parkkosten mit der Nähe zur Kernstadt steigen. Nach der Registrierung auf der Internet-Seite www.mobil-parken.de ist auch in Mainz das sogenannte Handy-Parken möglich.

› www.parken-in-mainz.de

Parkhäuser

P153 [F6] **Parkhaus CineStar,** Einfahrt Neutorstraße. 459 Stellplätze in der „Partyzone" der Altstadt.

P154 [D3] **Parkhaus Deutschhausplatz,** Einfahrt Große Bleiche. Tiefgarage im Parlamentsviertel.

P155 [D4] **Parkhaus Theater,** Einfahrt Am Kronberger Hof. Tag und Nacht geöffnete Tiefgarage hinter dem Theater.

P156 [bh] **Parkhaus Wallstraße,** Einfahrt Wallstraße. Sehr preiswerte Stellfläche am Stadtrand. Tagestarif: 2 €. Wochenendparken (Sa. 8 bis Mo. 8 Uhr) 4 €

Mietwagen

Fast alle großen Mietwagenfirmen sind auch im Großraum Mainz mit Verleihbüros vertreten. Eine weitere Alternative ist das **Car Sharing** mit einem Mobilitätspass der Firma **book-n-drive,** die auch in Mainz, verteilt über das gesamte Stadtgebiet, Stationen hat. Einen **Mietwagen** sollte man am besten immer schon von zu Hause aus buchen, entweder direkt beim Verleiher oder über einen der Internetvermittler, z. B.

› www.billiger-mietwagen.de
› www.book-n-drive.de

Barrierefreies Reisen

Auf dem Steinpflaster der Altstadt sollten **Rollstuhlfahrer** vorsichtig sein. Auch nicht jedes kleine Museum, Restaurant oder Weinlokal ist immer leicht zu erreichen. Die Stadt müht sich aber, **immer mehr Bereiche barrierefrei** zu gestalten. So sind die meisten Busse und Straßenbahnen inzwischen rollstuhltauglich. Und am Bahnhof gibt es einen Service, der nach Voranmeldung (Tel. 018058 512512) allen Menschen mit Behinderung beim Ein- und Ausstieg hilft.

Zahlreiche Verkehrsampeln sind mit akustischen Signalanlagen ausgestattet und an den wichtigsten Haltestellen gibt es Ansagen vom Tonband, die **Sehbehinderten** das Bus- und Straßenbahnfahren erleichtern.

Barrierefreie Stadtführungen, ggf. auch mit einem Gebärdendolmetscher, organisiert die **mainzplus CITY-MARKETING GmbH** (s. S. 124). Dort können Blinde auch ein Reliefbuch mit Beschreibungen der wichtigsten Sehenswürdigkeiten ausleihen. Die **Website der Stadt** (www.mainz.de) informiert über Behindertenparkplätze, barrierefreie Toilettenanlagen und Ladestationen, an denen Benutzer von Elektrorollstühlen ihre Batterien aufladen können. Einige Institutionen bieten spezielle Angebote für Menschen mit Behinderung. Vor allem das Landesmuseum Mainz 18 ist in Sachen

EXTRATIPP

Den Dom fühlen

Mitten auf dem Liebfrauenplatz steht ein maßstabsgetreues Bronzemodell des Doms. Es ist mit **Blindenschrift** ausgezeichnet und ermöglicht allen Sehbehinderten, die Einzigartigkeit des Bauwerks buchstäblich zu fühlen.

Barrierefreiheit vorbildlich: Dort gibt es neben Audioguides mit Beschreibungen ausgesuchter Kunstwerke sog. „Folientastbücher", mit denen populäre Kunstwerke auch für Blinde zu „begreifen" sind. Für Gehörlose gibt es Videoguides, die Texte in Gebärdensprache wiedergeben. Das Staatstheater (s. S. 94) bietet für Hörgeräteträger Plätze mit Induktionsschleifen und der Fußballklub Mainz 05 offeriert in der Opel Arena (29) für Rollstuhlfahrer und Gehbehinderte sogenannte „Handicapped Touren".

Geldfragen

Das Preisniveau in Mainz liegt wie im ganzen Rhein-Main-Gebiet **etwas über dem Bundesdurchschnitt.** Allerdings gilt auch hier: Ausnahmen bestätigen die Regel! So ist es in den Seitenstraßen der touristischen Achsen oft günstiger, weil die Ladenmieten niedriger sind. Mit einem Budget von 130 bis 160 € pro Tag und Person kann man aber einen erlebnisreichen Aufenthalt in der Domstadt gestalten.

Diplomatische Vertretungen

- **Österreichische Botschaft Berlin,** Stauffenbergstr. 1, 10785 Berlin, Tel. 030 202870, www.bmeia.gv.at/botschaft/berlin.html
- **Schweizerische Botschaft,** Otto-von-Bismark-Allee 4A, 10557 Berlin, Tel. 030 3904000, www.eda.admin.ch/berlin
- **Schweizerisches Generalkonsulat,** Zeil 5 (5. OG), 60313 Frankfurt, Tel. 069 1700280, www.eda.admin.ch/frankfurt

Mainz preiswert

- *Viel Geld lässt sich mit der* ***Mainzcardplus*** *sparen. Sie ist* ***48 Stunden gültig*** *und bietet freie Fahrt in den öffentlichen Verkehrsmitteln in Mainz und Wiesbaden, freien Eintritt in die meisten Mainzer Museen, eine kostenlose Stadtführung, freien Eintritt in die Spielbank und Ermäßigungen beim Eintritt in den ZDF-Fernsehgarten, ins Theater oder zu anderen ausgewählten Kulturveranstaltungen. Sie kostet 11,95 € bzw. als Gruppenkarte für bis zu 5 Personen 25 €. Erhältlich ist die Karte beim Tourist Servive Center im Brückenturm gegenüber dem Rathaus (25), den großen Hotels oder im MVG-Verkehrscenter am Bahnhofsplatz.*
- ***Essen in der Kantine*** *(s. S. 90) ist eine preiswerte Alternative zum Restaurantbesuch. Von Montag bis Freitag laden gleich mehrere Betriebskantinen zu Mittagsmenüs ein.*
- ***Fürstlich speisen zu Extrapreisen*** *lässt sich von Montag bis Freitag fast jeden Mittag, wenn einige Restaurants einen Business-Lunch anbieten – zum Beispiel das Bootshaus (s. S. 87) am Rheinufer oder „La Gallerie" in der Gaustraße (12).*
- ***Kostenlos ins Museum*** *– das gilt unter anderem für das Museum für Antike Schiffahrt (8) in der Altstadt.*

Informationsquellen

Infostellen in der Stadt

ⓘ157 [E4] **Tourist Service Center der mainzplus CITYMARKETING GmbH**, im Brückenturm, Rheinstraße 55, 55116 Mainz, Tel. 06131 242888, www.touristik-mainz.de, Mo.–Fr. 9–17, Sa. 10–17 Uhr (im Winter Mo.–Fr. 10–17, Sa. 10–16 Uhr).

› **Tourist Service Center der mainzplus CITYMARKETING GmbH**, im Landesmuseum Mainz ⓲, Tel. 06131 2857191

Fahrplanauskünfte

Die Bus- und Straßenbahnfahrpläne für den Nahverkehr finden sich online unter www.mvg-mainz.de. Auskünfte zu Strecken und Fahrzeiten zu den üblichen Dienstzeiten telefonisch unter 06131 127777.

Veranstaltungs- und Kartenservice

•158 [C4] **TicketBox**, Kleine Langgasse 4, Tel. 06131 211500, www.ticketbox-mainz.de, Mo.–Fr. 11.30–19, Sa. 10–16 Uhr

Mainz im Internet

› **www.mainz.de:** Die offizielle Website der Stadt Mainz bietet auch touristisch relevante Informationen.

› **www.touristik-mainz.de:** Das offizielle Webportal der mainzplus CITYMARKETING GmbH bietet dem Besucher Zimmervermittlung, Tickets, Infos zu Veranstaltungen etc.

› **www.uni-mainz.de:** gut gemachte und aktuelle Informationsplattform der Universität, nicht nur für Studenten und Professoren

› **www.rheinhessen.de:** Das Touristikportal für alle, die einen Ausflug ins Mainzer Hinterland planen, informiert über Ausflugs- und Unterkunftsmöglichkeiten und gibt Tipps zum Essen und Trinken.

› **www.regionalgeschichte.net:** eine empfehlenswerte Informationsseite des Instituts für Geschichtliche Landeskunde mit viel Historischem zu Mainz und Rheinhessen

Mainz-Apps

› **Mainz05** (kostenlos für iOS)/**1. FSV Mainz05** (kostenlos für Android): Offizielle App der Mainzer Bundesliga-Kicker. Neuigkeiten von den 05-ern erfahren Sie hier!

› **mainz & more:** Einkaufsführer mit Adressen von über 800 Mainzer Geschäften, Dienstleistern und Gastronomen (kostenlos für Android und iOS)

› **Campus Mainz:** Mensa-Essenspläne, Event-News und aktuelle Meldungen aus dem Mainzer Uni-Leben (kostenlos für Android und iOS)

› **Gutenberg-Museum:** Führer durchs Weltmuseum der Druckkunst mit 6 Hör-Führungen (3,50 € für iOS)

› **MVG Mainz:** Fahrplanauskünfte und Haltestellenverzeichnis der Mainzer Verkehrsbetriebe (kostenlos für Android und iOS)

Publikationen und Medien

Die Tageszeitung der Stadt heißt **Allgemeine Zeitung Mainz**. **DER MAINZER** (www.dermainzer.net) heißt eine kostenlose, monatlich erscheinende Stadtillustrierte mit großem Veranstaltungskalender und aktuellen Gastrotipps. **Merkurist** (https://merkurist.de) nennt sich eine digitale Nachrichtenplattform, die ganz auf die Mitwirkung ihrer Leser setzt. **Mainz&** (www.mainzund.de) ist ein weiteres, journalistisch geprägtes lokales Internet-Portal. Außerdem gibt es einige regelmäßig erscheinende, kostenlose Anzeigenblätter. Lokale **Hörfunkinformationen** liefern ein privater Stadtsender und SWR 4. Aktuelle Zeitungen und Zeitschriften liegen im Lesesaal der Stadtbibliothek aus.

•159 [D2] **Stadtbibliothek Mainz,** Rheinallee 3B, Tel. 06131 122651, www.mainz.de, Mo.–Mi. 10–18, Fr.–Sa. 10–13 Uhr

Medizinische Versorgung

In medizinischer Hinsicht ist die Stadt Mainz auch im deutschlandweiten Vergleich bestens ausgestattet. Das liegt nicht allein an den zahlreichen renommierten Privatkliniken der Stadt, sondern vor allem auch an dem großen Mainzer Uniklinikum mit seinen verschiedenen Fachabteilungen.

⊕160 [B6] **Universitätsmedizin Mainz,** Langenbeckstraße 1, 55131 Mainz, Tel. 06131 170, www.unimedizin-mainz.de

› **Kassenärztlicher Bereitschaftsdienst:** An der Goldgrube 11, Tel. 06131 116117, Mo.–Fr. 18–7 Uhr, am Wochenende durchgehend von Fr. 16 bis Mo. 7 Uhr

› **Zahnärztlicher Notdienst:** Tel. 01805 666160

› **Privatärztlicher Notdienst:** Tel. 0180 5019257

⊕161 [E4] **Löwen-Apotheke am Dom,** Markt 3, Tel. 06131 227598, Mo.–Fr. 8.30–18.30, Sa. 8.30–15 Uhr

⊕162 [D4] **Mohren-Apotheke,** Christofsstr. 2, Tel. 06131 232381, Mo.–Fr. 8–18.30, Sa. 8–15 Uhr

› **Apothekennotdienst:** Tel. 0800 0022833, www.aponet.de

Meine Literaturtipps

› *Mara Braun & Christian Karn,* ***111 Gründe, Mainz 05 zu lieben,*** *Schwarzkopf & Schwarzkopf, Berlin 2015. Eine Liebeserklärung an die Mainzer Bundesliga-Kicker mit vielen Fakten und Geschichten. Ein Buch mit Herzblut!*

› *Klaus-Rüdiger Mai,* ***Gutenberg – Der Mann, der die Welt veränderte,*** *Propyläen Verlag, Berlin 2016. Faszinierende Biografie über den Erfinder des Buchdrucks, kompetent und unterhaltsam geschrieben.*

› *Lothar Schöne,* ***Die unsichtbare Bruderschaft,*** *Humbert Verlag, Bodenheim 2012. Packender Geschichtsroman. Im Mittelpunkt: der Reiseschriftsteller und Mitbegründer des Mainzer Jakobinerklubs Georg Forster. Historisch nicht ganz korrekt, aber dafür spannend.*

› *Günter Schenk,* ***Die Mainzer Fastnacht,*** *Theiss Verlag, Darmstadt 2016. Großformatiger Text- und Bildband zur Geschichte des größten Mainzer Volksfestes, aufgezeichnet und bebildert vom Kulturpreisträger der Deutschen Fastnacht.*

› *Carl Zuckmayer,* ***Die Fastnachtsbeichte,*** *Fischer Taschenbuch, Frankfurt 2000. Spannender Mainz-Krimi des berühmten Schriftstellers. Kulisse sind die Fastnachtstage 1913.*

› *Peter Jackob,* ***Verschossen,*** *Societäts-Verlag, Frankfurt 2016. Regionalkrimi um einen Mainzer Kommissar auf der Spur skrupelloser Wettbetrüger. Ein Ermittler mit Eigensinn.*

067mz Abb.: gs

Mit Kindern unterwegs

Viele Museen bieten inzwischen eigene **Führungen für Kinder** an. Dazu gehören unter anderem das Landesmuseum ⓲, das Naturhistorische Museum ⓳, das Bischöfliche Dom- und Diözesanmuseum ❷ und das Gutenberg-Museum ❹. Einen eigenen **Aktionsbereich für Kinder** hat das Museum für Antike Schiffahrt ❽ geschaffen, in dem den jüngsten Besuchern die wichtigsten Ausstellungsstücke erklärt werden. Vorbildlich ist auch die Website des Landesmuseums Mainz, auf der Kindern einige der wichtigsten Kunstwerke erklärt werden. Der Fußballverein **Mainz 05** bietet eine eigene, 60-minütige „Kids Tour" durch das Stadion ㉙, bei der man auch eine Pressekonferenz nachspielt.

Auch für Kinder ist ein Besuch in Mainz immer ein Erlebnis, wie dieses kleine Spielparadies auf dem Mainzer Weinmarkt (s. S. 106) beweist

Für Kinder hält die Stadt online einen **eigenen Stadtplan**, mit Adressen von Vereinen und Kulturorganisationen sowie Spielplätzen bereit.

› www.jugend-in-mainz.de/kinderstadtplan.html

❹ [E4] **Gutenberg-Museum.** Jeden zweiten Samstag im Monat um 14 Uhr finden spezielle Führungen für Kinder statt, in deren Rahmen das Gießen der Bleilettern ebenso gezeigt wird wie der Bibeldruck.

⓲ [D3] **Landesmuseum Mainz.** Goldi-Tour heißt eine spezielle Audioführung für Kinder, die von Rittern und vergangenen Zeiten erzählt und auf diese Weise die Schätze des Museums auch den Jüngsten näherbringt.

⓳ [D3] **Naturhistorisches Museum Mainz.** Einen Besuch wert sind die Tiere und Pflanzen im größten rheinland-pfälzischen Naturkundemuseum. Gelegentlich werden Vorlesestunden und Spezialführungen angeboten.

•163 [bh] **Rambazamba Kinderspielparadies,** Mombacher Str. 76a, Tel. 06131 5701770, www.rambazamba-mainz.de, Mo./Di. 10–19, Mi./Do. 13–19, Fr.–So.

10–20, unterschiedliche Tarife ab 2 €. Kletterparcours mit Rutschen, Hüpfburg, Trampolin u. v. m.

- 164 [cg] **Tierpark Mainz-Kastel,** Unterer Zwerchweg, Tel. 0611 607736, www.tierpark-mainz-kastel.de, Di.–Sa. 10–17, So. 11–17 Uhr (Nov.–März jeweils eine Stunde kürzer), Eintritt frei. Mini-Tierpark mit Enten, Schildkröten, Ziegen und anderen Haustieren.
- 165 [dj] **Tobolino,** Dammweg 11, Tel. 06131 6228202, www.tobolino-mainz.de, Mo.–Do. 14–18.30, Fr. 14–19, Sa./So. 10.30–19 Uhr (in Ferienzeiten meist länger), Eintritt ab 2,50 €. Spielparadies in großer Halle im Vorort Laubenheim. Hindernis- und Kletterparcours.

Notfälle

Notrufnummern

- **Polizei und Notruf:** Tel. 110
- **Feuerwehr und Rettungsdienst:** Tel. 112
- **Telefonseelsorge:** Tel. 0800 1110111
- **Giftnotruf** (Hotline): Tel. 06131 19240

Polizei

166 [A1] **Polizeipräsidium Mainz,** Valenciaplatz 2, Tel. 06131 650

Fundbüro

- 167 [B3] **Fundbüro der Stadt Mainz,** Kaiserstr. 3–5, Tel. 06131 122432
- 168 [B4] **Fundbüro der Verkehrsbetriebe,** Bahnhofsplatz 6a, Tel. 06131 127777

Kartensperrung

Bei **Verlust der Debit-(EC-), Kredit- oder SIM-Karte** gibt es für Kartensperrungen eine **deutsche Zentralnummer** (unbedingt vor der Reise klären, ob die eigene Bank bzw. der jeweilige Mobilfunkanbieter diesem Notrufsystem angeschlossen ist). **Aber Achtung:** Mit der telefonischen Sperrung sind die Bezahlkarten zwar für die Bezahlung/Geldabhebung mit der PIN gesperrt, nicht jedoch für das **Lastschriftverfahren mit Unterschrift.** Man sollte daher auf jeden Fall den Verlust zusätzlich **bei der Polizei zur Anzeige bringen,** um ggf. auftretende Ansprüche zurückweisen zu können.

In **Österreich** und der **Schweiz** gibt es keine zentrale Sperrnummer, daher sollten sich Besitzer von in diesen Ländern ausgestellten Debit-(EC-) oder Kreditkarten vor der Abreise bei ihrem Kreditinstitut über den zuständigen Sperrnotruf informieren.

Generell sollte man sich immer die **wichtigsten Daten** wie Kartennummer und Ausstellungsdatum **separat notieren,** da diese unter Umständen abgefragt werden.

- **Deutscher Sperrnotruf:** Tel. +49 116116 oder Tel. +49 3040504050
- **Weitere Infos:** www.kartensicherheit.de, www.sperr-notruf.de

Öffnungszeiten

- **Geschäfte:** Mo.–Sa. 10–18 Uhr (Kernzeit)
- **Banken:** Mo.–Fr. 9–16 Uhr (Kernzeit), einige Banken haben mittags geschlossen.
- **Museen:** 10–17 Uhr (Kernzeit), die meisten sind allerdings montags geschlossen

Post

169 [C4] **Hauptpost,** Bahnhofstr. 2, Tel. 0180 3040500, Mo.–Fr. 8.30–18, Sa. 9–12.30 Uhr

- Das **Porto** für Postkarten nach Österreich und in die Schweiz beträgt 90 Cent.

Radfahren

Wie in vielen Universitätsstädten prägen auch in Mainz viele Radfahrer das Stadtbild. Für sie hat die Verwaltung in den letzten Jahren viele Einbahnstraßen für den Fahrradverkehr in Gegenrichtung geöffnet. Auch in einigen Fußgängerzonen darf im Schritttempo gefahren werden. Zudem ist die Zahl der **Radwege** gestiegen. Allerdings muss man wissen, dass nur die am Rhein gelegene Innenstadt und am Rhein gelegenen Vororte Fahrradparadiese sind, das rheinhessische Hügelland fordert die Radlerwaden dagegen deutlich mehr.

Fahrräder können kostenlos in allen **Bussen** und **Straßenbahnen** transportiert werden. Doch haben Rollstuhlfahrer und Kinderwagen Vorrang. Eine **stationäre Fahrradpumpe mit Werkzeug** ist im Rathaus frei zugänglich. Ein **Schlauchautomat** ermöglicht das Wechseln gängiger Reifen.

› www.touristik-mainz.de/radfahren.html

Fahrradverleih

Über 1000 **knallgelbe Räder**, die an den über 100 Verleihstationen Tag und Nacht zur Verfügung stehen, gehören zum Fahrradmietsystem **MVG-meinRad**. Nach Onlineregistrierung und Vorlage eines amtlichen Lichtbildausweises erhält man im Verkehrs Center Mainz (Bahnhofplatz 6a) eine Kundenkarte.

› www.mvg-mainz.de

•170 [B4] **Call a Bike,** Hauptbahnhof Mainz, Tel. 01805 151415, www.callabike-interaktiv.de. Rund um die Uhr stehen an Gleis 1 (Abschnitt E) einige bahneigene Drahtesel, die nach vorheriger Registrierung telefonisch freigeschaltet werden können.

069mz Abb.: gs

•171 [B2] **Zweiradboxx,** Nackstr. 14, Tel. 06131 9017757, www.zweiradboxx.de, Mo., Mi., Fr. 10–18, Di., Do. 14–19, Sa. 10–14 Uhr (im Winter kürzer). Fahrradmiete ab 8 € plus Kaution.

Sport und Erholung

Eislaufen

S172 [bi] **Eishalle am Bruchweg,** Dr.-Martin-Luther-King-Weg 19, Tel. 06131 320050, www.eishalleambruchweg.de. Von Okt. bis März geöffnete Indoor-Eisbahn mit Schlittschuhverleih, wegen des Trainingsbetriebs wechseln die öffentlichen Laufzeiten häufig, freitag- und samstagabends meist Discoparty.

Golf

S173 [ah] **Mainzer Golfclub,** Oberer Mombacher Weg 4, 55257 Budenheim, Tel. 06139 29300, www.mainzer-golfclub.de, tgl. 8–20 Uhr. 18-Loch-Platz, Driving Range und Indoor-Golfanlage im Vorort Budenheim.

Infos für LGBT+

Obwohl die Stadt von einem homosexuellen Oberbürgermeister regiert wird, ist die Szene nicht größer als in anderen vergleichbaren Städten. Die populärsten Treffpunkte sind das Chapeau und die Bar jeder Sicht, das schwul-lesbische Kommunikationszentrum in Mainz.

●179 *[C4]* ***Bar jeder Sicht,*** *Hintere Bleiche 29, Tel. 06131 5540165, www.sichtbar-mainz.de, Di.-Do. 18-24, Fr./Sa. 18-1, So. 16-22 Uhr. Das Kommunikationszentrum für Lesben, Schwule, Bisexuelle, Trans* und Intersexuelle ist sowohl Kulturveranstalter als auch städtisch geförderte Beratungsstelle.*

180 *[C4]* ***Chapeau-Mainz,*** *Langgasse 4, Tel. 06131 223111, www.chapeau-mainz.de, Mo.-Sa. ab 20 Uhr. Kleines Kultlokal, das unter Kennern als „Keimzelle schwulen Mainzer Lebens" gilt.*

Klettern

S174 [bh] **Kletterkiste – DAV-Kletterzentrum Mainz,** Turmstr. 85, Tel. 06131 688829, www.kletterkiste-mainz.de, Mo.-Fr. 17-23 Sa.-So. 14-20 Uhr. 600 Quadratmeter Wandfläche mit knapp 100 Kletterrouten.

Schwimmen

S175 [di] **Freibad Maaraue,** Maaraue 27, Tel. 06134 603355, im Sommer Mo.-Fr. 10-20, Sa.-So. 9-20 Uhr. Großes Freibad direkt am Rhein mit Liegewiese und 50-Meter-Sportbecken im Vorort Kostheim.

EXTRAINFO

Baden im Rhein verboten!

Auch wenn es im Hochsommer noch so verlockend zu sein scheint: Der Rhein in Mainz ist leider keine Alternative zum Schwimmbad. **Gefährliche Strömungen, Strudel und Untiefen** haben schon manchen Wagemutigen das Leben gekostet. Zwar ist das Wasser in den letzten Jahren sauberer geworden, das Risiko zu ertrinken aber nicht kleiner. Außerdem untersagt die „Verordnung über das Baden in den Bundeswasserstraßen" das Schwimmen und Baden im Bereich von Hafenanlagen, Schiffsliege- und Schiffslandestellen. So kommt es, dass der Fluss entlang der Rheinfront auf fast sechs Kilometer Länge für Badende komplett gesperrt ist.

S176 [bh] **Hallen- und Freibad Mombach,** Obere Kreuzstr. 11-13, Tel. 06131 629990, www.schwimmbad-mainz.de, wechselnde Öffnungszeiten, Fr.-So. Warmwasserbadetage. Kombiniertes Hallen- und Freibad mit 25- und 50-Meter-Becken, Beachvolleyballfeldern und Liegewiese im Vorort Mombach.

S177 [A4] **Taubertsbergbad,** Wallstr. 9, Tel. 06131 584460, www.taubertsbergbad.de, tgl. 9.30-23 Uhr. Hallen-und Freibad mit großer Saunalandschaft hinter dem Hauptbahnhof. Fr. Mitternachtssauna bis 2 Uhr.

Tennis, Squash, Badminton

S178 [di] **Tennishalle Mainz,** Jakob-Anstatt-Str.9, Tel. 06131 832435, www.tennishalle-mainz.de, tgl. meist ab 7 Uhr nach tel. Anmeldung. Indoor-Sportanlage mit vielen Plätzen.

070mz Abb.: gs

Stadttouren

Das Angebot organisierter Touren wächst von Jahr zu Jahr. Öffentliche Stadtführungen offeriert die **mainzplus CITYMARKETING GmbH** jeden Samstag um 14 Uhr ab der Touristikzentrale gegenüber dem Rathaus 25. Von Mai bis Oktober wird der Rundgang auch Mo., Mi. und Fr. um 14 Uhr angeboten. Sonntags um 15 Uhr startet der Rundgang ganzjährig vom Landesmuseum 18 (Große Bleiche) aus. Spezialisierter sind die Führungen des Vereins **Geographie für Alle e.V.** Kundige Stadtführer erzählen Geschichten über das römische Mogontiacum, das jüdische Magenza und das mittelalterliche Mainz, verraten, wo die Kurfürsten einst prachtvoll residierten oder erklären die Wurzeln der Mainzer Fastnacht. Hin und wieder gibt es Kostümführungen, bei denen die Guides in die Rollen berühmter und weniger berühmter Mainzer schlüpfen. Von März bis Dezember verkehrt der sogenannte **Gutenberg-Express.** Ein Stadtbähnchen, das in einer knappen Stunde die wichtigsten Sehenswürdigkeiten ansteuert. Start und Ziel ist der Gutenbergplatz 13. Ein gelber **Hop-on- Hop-off Bus** (city2see) verkehrt von Frühling bis Herbst täglich ab Schillerplatz zu 16, auch rechtsrheinischen Haltepunkten. Und auch per **Segway** lässt sich die Stadt erkunden, was allerdings kein günstiges Vergnügen ist.

Wer Mainz ganz persönlich kennenlernen möchte, ist bei den sogenannten **Greetern** an der richtigen Adresse. Das sind Einheimische, die den Besucher die Stadt aus ihrem ganz persönlichen Blickwinkel erleben lassen.

- **Tourist Service Center der mainzplus CITYMARKETING GmbH** (s. S. 124), Stadtführungen Tel. 06131 242827, 7 €, Kinder 3 €, Familien 15 €
- **city2see,** Tel. 06131 4975022, www.city2see.de, tgl. 9.30–17 Uhr ab Schillerplatz, 12 € (Kinder 9, Familien 29 €)
- **Geographie für Alle e. V.,** Tel. 06131 3925145, www.geographie-fuer-alle.de
- **Gutenberg-Express,** Tel. 0651 99359525, www.gutenberg-express.de. April–Okt. tgl. 10.30–17.30 Uhr, März/Nov.–Dez. Sa./So. 10.30–16.20 Uhr, 9 € (Kinder 4, Familienkarte 22 €)
- www.gaestefuehrungen-mainz.de
- www.mainz-greeters.de
- www.segway-citytour.de
- www.gt-electronics.de

Tiere

In der Stadt Mainz herrscht für Hunde **Leinenzwang.** Viele Hotels bieten Gästen Übernachtungsmöglichkeiten mit Vierbeinern an. Und sollte das Tier im Urlaub überraschend krank werden, gibt es auch einen **tierärztlichen Notdienst** vor Ort (Tel. 06131 53530).

071mz Abb.: gs

Unterkunft

Ein Großteil aller Übernachtungen in Mainz entfallen auf Business-Reisende. Es lohnt sich daher vor allem am Wochenende, in den großen Business-Hotels wie Hyatt oder Hilton nach dann oft relativ preiswerten Zimmern zu fragen.

Die **mainzplus CITYMARKETING GmbH** (s. S. 124) bietet ein stets aktuelles Hotelverzeichnis, das dem Reisenden die Qual der Wahl bei der Zimmersuche erleichtert und freie Zimmer anzeigt. Die zentrale Reservierung ist unter Tel. 06131 242828 zu erreichen. Private Zimmer (ab 26 €) vermittelt die Agentur bed & breakfast Mainz.

› **Agentur bed & breakfast Mainz,** Drususwall 62, Tel. 06131 218496, www.bed-and-breakfast.de

Preiskategorien Unterkünfte

Preis für ein Doppelzimmer ohne Frühstück:

€	bis 80 €
€€	80–140 €
€€€	ab 140 €

Unterkunftsempfehlungen

Gut und günstig

181 [B3] **advena europa Hotel** €€, Kaiserstraße 7, Tel. 06131 971070, www.advenahotels.com. **3-Sterne-Haus mit separaten Raucherzimmern:** ganz in Bahnhofsnähe, 24-Stunden-Service, am Wochenende bis 12 Uhr Langschläfer-Frühstück.

182 [B4] **Intercity Hotel** €€, Binger Strasse 21, Tel. 06131 588510, www.intercityhotel.com. **Preisgünstiges Hotel in Bahnhofsnähe:** 180 Zimmer auf sieben Etagen, kostenlose Tickets für den Nahverkehr, ideal für Bahnreisende.

Für die ganze Familie

183 [cj] **Ferienwohnung Gutenberg** €€, Neue Mainzer Str. 52, Tel. 0151 10527668, www.dorfner.info. **Kinderfreundliche Ferienwohnung:** drei Zimmer zur Selbstnutzung für bis zu acht Personen im Vorort Hechtsheim.

184 [di] **Rhein-Main-Jugendherberge Mainz** €, Otto-Brunfels-Schneise 4, 55130 Mainz, Tel. 06131 85332, www.diejugendherbergen.de. **Jugend-**

Das Hyatt Regency, ein moderner Prachtbau am Rheinufer

herberge mit Rheinblick: Rollstuhltaugliches Gästehaus am Rand der Innenstadt mit 173 Betten. Einzel- und Mehrbettzimmer, alle mit Dusche und WC.

Besonders gut gelegen

185 [E3] **Hilton** €€-€€€, Rheinstr. 68, Tel. 06131 2450, www.hiltonhotels.de. **Wohnen am Fluss:** mit 836 Betten größtes Mainzer Hotel direkt am Rhein. Das Haus hat noch einen Ableger in der Innenstadt (Münsterstr. 11).

186 [F6] **Ibis Mainz City** €-€€, Holzhofstr. 2, Tel. 06131 2470, www.ibis.com/de/deutschland/index.shtml. **Einfaches Altstadt-Hotel:** Ideal für Nachteulen, da mitten im Mainzer Ausgehviertel. 144 klimatisierte Zimmer, WLAN kostenlos.

187 [bj] **Novum Select Hotel Mainz** €, Haifaallee 8, Tel. 06131 72080, www.novum-hotels.de. **ZDF- und Stadionnah:** Versteckt gelegenes, preisgünstiges Hotel in Mainz-Bretzenheim. Großes Frühstücksbuffet.

Ruhig und persönlich

188 [ah] **Aparthotel Parkallee** €€-€€€, Parkallee 9, Tel.06139 293028, www.aparthotel-mainz.de. **Wohnen vor den Toren der Stadt:** 127 exklusive Suiten und Appartements mit W-Lan und voll eingerichteter Küche in Budenheim. Golfplatz vor der Haustür.

189 [ai] **Atrium Hotel** €€-€€€, Flugplatzstr. 44, Tel. 06131 4910, www.atrium-mainz.de. **Luxus im Vorort Finthen:** Privat geführtes, viel gelobtes Hotel mit Restaurant, Schwimmbad, Sauna und Dampfbad.

Aktiv und sportlich

190 [C5] **Novotel** €€, Augustusstr. 6, Tel. 06131 9540, www.novotel.com. **Großes Hotel zwischen Bahnhof und Altstadt:** 217 Zimmer, kleines Fitnesszentrum. Schwimmbad und Sauna stehen auch Nicht-Hotelgästen offen.

Wohlfühlen und genießen

191 [B4] **AC Hotel by Marriott** €€, Bahnhofsplatz 8, Tel. 06131 2505411, www.marriott.de. **Neues Boutique-Hotel:** In denkmalgeschütztem Gemäuer zeigt sich das neue Haus mit Kingsize-Betten und eigenem Restaurant.

192 [F6] **Hyatt Regency** €€-€€€, Malakoff-Terrasse 1, Tel. 06131 731234, www.mainz.regency.hyatt.de. **Luxus am Rhein:** In eine alte Festung integrierter Hotelneubau mit Spa und Fitnessraum, großem Restaurant, Tiefgarage und großen Zimmern, teils mit Rheinblick.

Ausgefallene Konzepte

193 [ci] **INNdependence** €-€€, Gleiwitzer Str. 4, www.inndependence.de, Tel. 06131 2505380. **Vorbildlicher Integrationsbetrieb:** In diesem Hotel am Stadtrand arbeiten Menschen mit Behinderung. Alle Nichtraucherzimmer verfügen über einen Balkon.

194 [di] **Quartier 65** €-€€, Wormser Straße 65, Tel. 06131 277600, www.quartier65.de. **Architektonisch wertvoll:** Das preisgekrönte Quartier im Vorort Weisenau ist vor allem für Langzeitmieter geeignet.

Camping und Wohnmobil-Stellplätze

195 [G4] **Campingplatz Maaraue (Internationaler Campingplatz Mainz-Wiesbaden),** Maaraue 48, 55246 Mainz-Kostheim, Tel. 06134 2575922, www.camping-maaraue.de. **Camping am Rhein:** Großer Campingplatz auf der rechten Rheinseite, Fußweg ins Zentrum ca. 20 Minuten, Mitte Oktober–März geschlossen.

196 [bi] **Wohnmobil-Stellplatz-Mainz,** Dr.-Martin-Luther-King-Weg 21, Tel. 06131 1949711, www.wohnmobil-stellplatz-mainz.de. **Ganzjährig geöffneter Stellplatz:** Hort für 56 Wohnmobile am Rand der Innenstadt. Kann auch ohne Umweltplakette direkt angefahren werden.

Verkehrsmittel

Bus und Straßenbahn

Busse und Straßenbahnen verkehren im Großraum Mainz unter der Regie der **Mainzer Verkehrsgesellschaft (MVG).** Am besten sind Touristen mit einer **Tageskarte** bedient, die bis 4 Uhr des Folgetages gilt (Erwachsene 5,35 €, Kinder 3 €). Sie berechtigt zu beliebig vielen Fahrten mit beliebigem Umsteigen. Meist rechnet sich auch eine **Gruppentageskarte** für bis zu fünf Personen (10,30 €). Alle Fahrscheine sind beim Fahrer, an allen Automaten und in den Vorverkaufsstellen wie am Hauptbahnhof erhältlich. **Einzelfahrscheine** kosten 2,80 € (Kinder 1,60 €), berechtigen nur zum sofortigen Fahrtantritt und werden bereits entwertet ausgegeben. Etwas preiswerter sind die Kurzstreckentickets, die maximal drei Haltestellen oder 1,5 km Entfernung einschließen. **Fahrräder** werden außerhalb der Hauptverkehrszeiten und sofern Platz ist kostenlos befördert. Tickets können bereits vor der Reise im Fahrkartenladen der MVG (www.fahrkarten laden.de) online bestellt werden.

› www.mvg-mainz.de

Schifffahrt

Vor dem Rathaus am Rheinufer findet sich die Anlegestelle der Köln-Düsseldorfer Deutsche Rheinschiffahrt AG. Von April bis Oktober starten dort die Linienschiffe zu ihren Touren nach **Bonn oder Köln.** Weiterhin steuert die Primus-Linie im Sommer regelmäßig den **Rheingau** an. Auch zum „Rhein in Flammen“ und anderen Großveranstaltungen gibt es Schiffsreisen. Ins Geld geht die individuelle Rheintour bei der Firma On Water. Im Angebot ist alles – vom Hausboot bis zum Jetski.

⌃ *Die Schiffe der Köln-Düsseldorfer verbinden Mainz mit Köln*

- **Köln-Düsseldorfer,** Tel. 06131 232800, www.k-d.com
- **Primus-Linie Anton Nauheimer GmbH,** Tel. 069 1338370, www.primus-linie.de
- **On Water,** Victor-Hugo-Ufer 22, www.onwater.de, Tel. 06131 4956840

Taxi

Größere Taxistände finden sich in der Innenstadt unter anderem am **Höfchen** (Dom 1), am **Hauptbahnhof** und am **Bahnhof Römisches Theater** in der Altstadt. Fahrten innerhalb der Innenstadt oder zu den Hotels am Stadtrand schlagen meist mit 15 bis 30 € zu Buche. Zum Flughafen Frankfurt gibt es Spezialtarife zwischen 50 und 70 €.

- **Taxizentrale Mainz,** Tel. 06131 910910 (wenn möglich 30 Minuten vor Abfahrt bestellen, auch per E-Mail möglich), www.taxi-mainz.de

Ganz gemütlich kann man die Stadt mit dem **Rikschataxi** bereisen. Wie im fernen Osten bringt ein Fahrer den Gast per Muskelkraft auf einem TÜV-geprüften Dreirad-Drahtesel zu Geschäftsterminen oder zum Shoppen. Im Angebot sind außerdem Stadtrundfahrten, „Bio-Picknicktouren" am Rheinufer entlang oder halbstündige Wintertouren mit Decke und Wärmflasche.

- www.rikscha-mainz.de

Wetter und Reisezeit

Mainz ist ein **Ganzjahresziel.** Besonders schön ist es im **Sommer** und **Herbst**, aber auch in der Zeit um den **Jahreswechsel**, wenn der Weihnachtsmarkt lockt und die Kirchen zum Krippenspaziergang laden. Obwohl die Stadt zu den trockensten Metropolen Deutschlands gehört, muss man immer mit **Regen** rechnen. Der regenärmste Monat ist der Februar, die meisten Niederschläge fallen im Sommer. Die jährliche **Durchschnittstemperatur** beträgt gut 10 °C. Das heißt: Im Winter sinken die Temperaturen nur bei stabilen Hochdrucklagen langfristig unter die Null-Grad-Grenze. Im Sommer dagegen muss man wegen der Kessellage der Stadt häufig mit **schwüler Hitze** rechnen.

Außer am Johannisfest-Wochenende und den Karnevalstagen ist die Stadt nie überlaufen. Reisende kommen deshalb fast immer auf ihre Kosten. Und da Kunst und Kultur das ganze Jahr über im Angebot sind, braucht man auch da kaum Abstriche zu machen.

Durchschnitt	Wetter in Mainz											
Maximale Temperatur	2°	4°	8°	13°	18°	21°	22°	22°	19°	13°	7°	3°
Minimale Temperatur	−3°	−2°	0°	4°	8°	11°	13°	12°	9°	6°	2°	−1°
Regentage	16	13	15	15	16	16	15	14	13	13	15	16
	Jan	Febr	März	Apr	Mai	Juni	Juli	Aug	Sept	Okt	Nov	Dez

ANHANG

073mz Abb.: gs

Register

S. 135: Der Fastnachtsbrunnen auf dem Schillerplatz (12) wird stimmungsvoll beleuchtet

Der Autor

Günter Schenk hat bereits mehr als ein Dutzend Reiseführer geschrieben. Im CityTrip Mainz verrät er, wo man wohnen, schlafen und essen kann und welche Sehenswürdigkeiten einen Besuch lohnen, stellt seinen Lesern Orte vor, die Besuchern sonst verborgen bleiben. Auch für die vorliegende Neuauflage hat er sich in seiner Heimatstadt wieder gründlich umgesehen.

Als freier Reisejournalist arbeitet Günter Schenk seit Jahren für renommierte deutschsprachige Zeitungen und Magazine. Im Reise Know-How Verlag erschienen von ihm außerdem die CityTrip-Bände „Antwerpen, Brügge, Gent", „Baden-Baden", „Brüssel", „Heidelberg", „Karlsruhe", „Koblenz", „Liverpool", „Rotterdam", „Vilnius und Kaunas" und „Wiesbaden".

Die Mainzer Umgebung hat er in seinem Reiseführer „Rheinhessen, Rheingau" vorgestellt, ebenfalls erschienen im Reise Know-How Verlag.

Schreiben Sie uns

Dieses Buch ist gespickt mit Adressen, Preisen, Tipps und Daten. Unsere Autoren recherchieren unentwegt und erstellen alle zwei Jahre eine komplette Aktualisierung, aber auf die Mithilfe von Reisenden können sie nicht verzichten. Darum: Teilen Sie uns bitte mit, was sich geändert hat oder was Sie neu entdeckt haben. Gut verwertbare Informationen belohnt der Verlag mit einem Sprachführer Ihrer Wahl aus der Reihe „Kauderwelsch".

Kommentare übermitteln Sie am einfachsten, indem Sie die Web-App zum Buch aufrufen (siehe Umschlag hinten) und die Kommentarfunktion bei den einzelnen auf der Karte angezeigten Örtlichkeiten oder den Link zu generellen Kommentaren nutzen. Wenn sich Ihre Informationen auf eine konkrete Stelle im Buch beziehen, würde die Seitenangabe uns die Arbeit sehr erleichtern. Unsere Kontaktdaten entnehmen Sie bitte dem Impressum.

Impressum

Günter Schenk

CityTrip Mainz

3., neu bearbeitete und komplett aktualisierte Auflage 2018

ISBN 978-3-8317-3078-0
Printed in Germany

Druck und Bindung
Media-Print, Paderborn

Herausgeber: Klaus Werner
Layout: amundo media GmbH (Umschlag, Inhalt), Peter Rump (Umschlag)
Lektorat: amundo media GmbH
Karten: Ingenieurbüro B. Spachmüller, amundo media GmbH
Anzeigenvertrieb: KV Kommunalverlag GmbH & Co. KG, Alte Landstraße 23, 85521 Ottobrunn, Tel. 089 928096-0, info@kommunal-verlag.de
Kontakt: Osnabrücker Str. 79, 33649 Bielefeld, info@reise-know-how.de

Bildnachweis
Umschlagvorderseite und Umschlagklappe rechts: Günter Schenk
Alle in diesem Buch verwendeten Bilder stammen vom Autor Günter Schenk (gs).
Wir danken dem Dom und dem Bischöflichen Dom- und Diözesanmuseum für die freundliche Abdruckgenehmigung.

Liste der Karteneinträge

Hier nicht aufgeführte Nummern liegen außerhalb der abgebildeten Karten. Ihre Lage kann aber wie die von allen Ortsmarken im Buch mithilfe der Web-App angezeigt werden (s. S. 143).

Zeichenerklärung

Hauptsehenswürdigkeit
[E5] Verweis auf Planquadrat im City-Faltplan

Arzt, Apotheke, Krankenhaus
Bar, Bistro, Klub, Treffpunkt
Biergarten, Pub, Kneipe
Café
Camping-/Wohnmobilstellplatz
Denkmal
Ferienwohnung
Friedhof
Galerie
Geschäft, Kaufhaus, Markt
Hotel, Unterkunft
Imbiss, Bistro
Informationsstelle
Jugendherberge, Hostel
Kino
Kirche
Museum
Musikszene, Disco, Tanz
Parkplatz
Polizei
Postamt
Restaurant
Schwimmbad
Sport-/Spieleinrichtung
Sonstiges
Synagoge
Theater
Sehenswürdigkeit
Vegetarisches Restaurant
Weinstube

S-Bahn-Haltestelle
Stadtspaziergang (s. S. 16)
Shoppingareal
Gastro- und Nightlife-Areal

Mainz mit PC, Smartphone & Co.

QR-Code auf dem Umschlag scannen oder **www.reise-know-how.de/citytrip/mainz18** eingeben und die **kostenlose Web-App** aufrufen (Internetverbindung zur Nutzung nötig)!

★**Anzeige der Lage und Satellitenansicht aller** beschriebenen Sehenswürdigkeiten und weiteren Orte
★**Routenführung** vom aktuellen Standort zum gewünschten Ziel
★**Exakter Verlauf** des empfohlenen Stadtspaziergangs
★**Updates** nach Redaktionsschluss

GPS-Daten zum Download

Auf der Produktseite dieses Titels unter www.reise-know-how.de stehen die GPS-Daten aller Ortsmarken als KML-Dateien zum Download zur Verfügung.

Stadtplan für mobile Geräte

Um den Stadtplan auf Smartphones und Tablets nutzen zu können, empfehlen wir die App „Avenza Maps" der Firma Avenza™. Der Stadtplan wird aus der App heraus geladen und kann dann mit vielen Zusatzfunktionen genutzt werden.

Die Web-App und der Zugriff auf diese über QR-Codes sind eine freiwillige, kostenlose Zusatzleistung des Verlages. Der Verlag behält sich vor, die Bereitstellung des Angebotes und die Möglichkeit der Nutzung zeitlich und inhaltlich zu beschränken. Der Verlag übernimmt keine Garantie für das Funktionieren der Seiten und keine Haftung für Schäden, die aus dem Gebrauch der Seiten resultieren. Es besteht ferner kein Anspruch auf eine unbefristete Bereitstellung der Seiten.

LINIENPLAN 2018

Zeichenerklärung

Berliner Platz 68

Buslinie mit Haltestelle, Liniennummer und Endhaltestelle

Bahnstraße 52

Straßenbahn mit Haltestelle, Liniennummer und Endhaltestelle

Info-Hotline: 06131-12 77 77

Alle Änderungen mit dem WhatsApp
Smartphone: www.mainzer-mobilita

Gültig ab 10. Dezember 2017

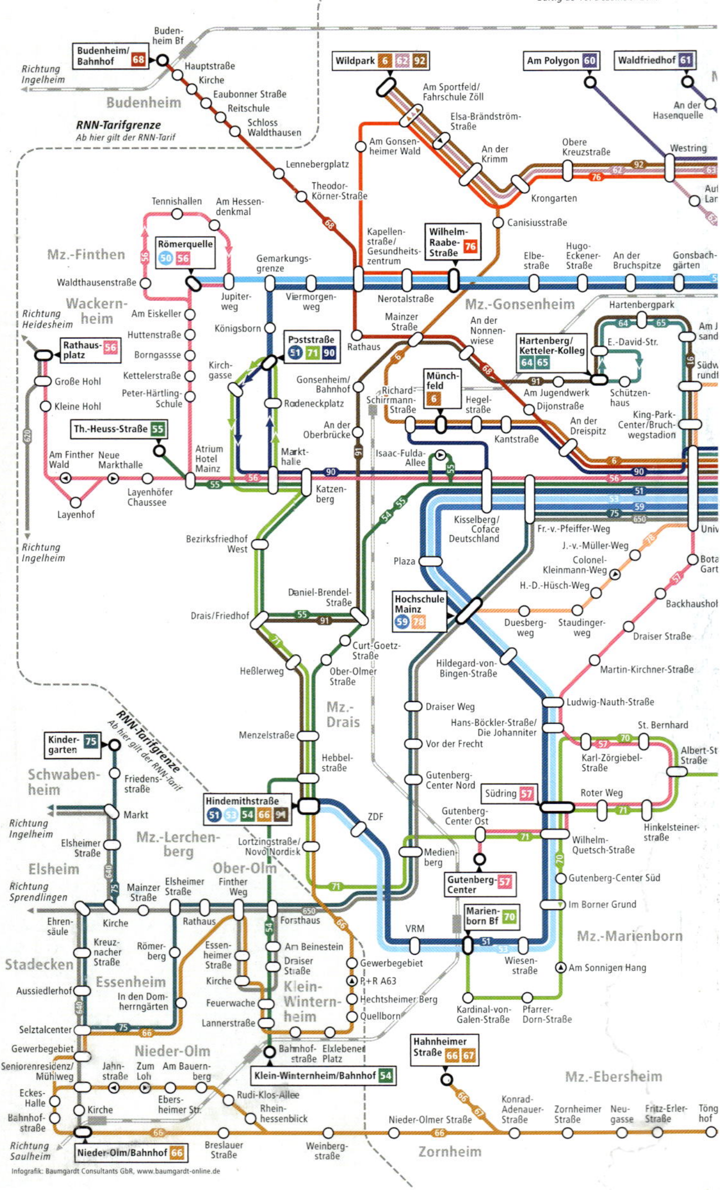

Infografik: Baumgardt Consultants GbR, www.baumgardt-online.de